유한요소해석(FEA)을 위한

Abaqus
기초와 응용

저자 | (주)솔리드이엔지

감수 | 다쏘시스템코리아 SIMULIA
　　　충남대학교 기계설계공학과 이영신 교수
　　　경상대학교 기계공학과　　이석순 교수

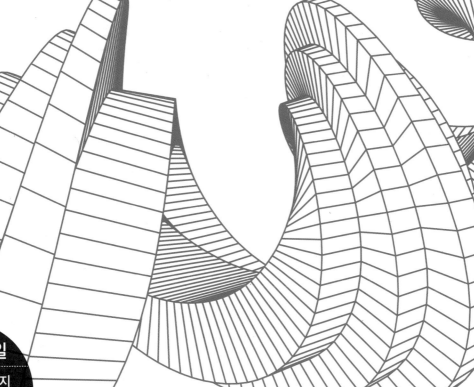

예·제·파·일

(주)솔리드이엔지
www.solideng.co.kr
메인 홈페이지에서
다운로드

SolidEng　　예문사

유한요소해석 프로그램은 특히 제조분야에서 다양한 제품의 검증을 위한 실험을 대체하기 위하여 활용되고 있으며, 대부분의 해석에서 90% 이상 그 결과가 일치하여 현업의 설계 업무 프로세스에 있어 매우 중요한 업무 도구로 활용되고 있다. GUI 환경에 익숙한 CAD 엔지니어의 사용이 확대됨에 따라 좀 더 쉽게 유한요소해석 프로그램에 접근할 수 있도록 사용자 편의성도 급속도로 개선되었다. 이와 병행하여 설계 데이터 관리를 위한 PLM(Product Lifecycle Management)과 유사한 개념으로 SLM(Simulation Lifecycle Management)과 같은 해석 자동화 및 해석 데이터 관리를 위한 도구들이 상용화되어 판매되고 있다.

본서 제작을 위해 활용한 Abaqus는 제조분야에서 다양하고 복잡한 선형 및 비선형 문제의 풀이를 위한 유한요소해석 프로그램으로 Standard/Explicit/CFD 솔버를 모두 이용할 수 있으며, Native 솔버를 통한 FSI(Fluid and Structure Interface) 및 Muti-Physics 문제까지 접근 가능하다. 그런 만큼 Abaqus는 접촉 및 대변형과 같은 비선형 분야에서 이미 검증된 해석 솔버로서 제품 및 부품의 성능을 개선하고 안전성을 확보하기 위하여 자동차, 항공, 조선, 산업기계, 전기전자, 건축, 에너지, 소비재, 의료 등 많은 분야에서 널리 활용되고 있다.
그러나 넓은 사용자 층과 그 탁월한 성능에 비해 학습 자료가 부족하여 접근이 어려운 유한요소해석 도구로 인식되어 왔기에 시장의 많은 사용자들이 Abaqus 사용자가 쉽게 따라 할 수 있는 교재의 필요성을 강조하였다.

이러한 요구에 부응하여 기획된 본 서는 Abaqus 입문자와 사용자를 위하여 따라하기식으로 구성되어 있다. 유한요소법 전공수업을 이수한 기계공학도는 수치해석적 연산을 검증하고, 고체역학의 기본 이론을 구체화하는 실습 교재로도 활용 가능하다. 현업의 설계자 및 해석자에게는 독학으로도 충분히 Abaqus의 결과를 도출할 수 있도록 최대한 자세한 화면 캡쳐와 순서를 넣어 학습 성과를 높일 수 있도록 구성하였다.

일부 Abaqus 사용자들은 전용화된 이기종의 Pre/Post-Processing 도구를 사용하고 솔버로서 Abaqus를 활용하는 경우가 있는데, 본 서에서는 Abaqus의 전용 Pre/Post-Processing 도구인 Abaqus/CAE(Complete Abaqus Environment)를 활용하여 모든 해석 프로시저를 구성하였다. 따라서 Keyword User보다는 GUI 화면에 익숙한 Interactive User에게 더욱 적합하다.

본 서는 Abaqus라는 유한요소해석 프로그램을 활용하기 위한 사용법을 익히는 데 충실하도록 이론적 배경에 치중하지 않고, 해석 파일 구성 과정 및 결과 Plot은 기능 사용법으로 제한되어 있으며, 검증에 대한 부분은 제외하였다. 미처 다루지 못한 수치해석적 이론이나 공학 이론은 Abaqus 소프트웨어에서 제공하고 있는 Abaqus Documentation을 통하여 학습하기를 권한다.

"Abaqus의 기초와 응용"은 Abaqus 입문자에게는 해석 프로세스 정립 및 수행 측면에서 많은 도움을 제공할 것이고, Abaqus에 익숙한 사용자에게는 해석 프로세스를 최저화 · 고도화하는 참고서로 활용되기를 희망한다. 후속으로 발행할 Abaqus 도서에는 이론적 · 기술적 정보들을 더욱 풍부하게 담을 예정이다.

이 책이 나오기까지 아낌없이 지원해 주신 김형구 대표이사님 외 PLM사업부문 임원님들께 감사의 말씀을 드립니다. 또한, 교재의 초안부터 발행되기까지 성실하게 제작을 수행해주신 김민규, 박상현, 박창일, 박동진, Bharathkumar. R, 고재윤님에게도 감사의 말씀을 전합니다.

교재 감수와 함께 전문적인 조언을 주신 다쏘시스템코리아의 박준 전무님 이하 SIMULIA Brand 팀에게도 감사의 말씀을 드립니다. 또한, 편집 과정에서 많은 지침과 지원을 해주신 충남대학교 이영신 교수님과 경상대학교 이석순 교수님 및 기계설계 CAD/CAM/CAE 실험실의 박민혁, 이동욱, 남광식, 최진규 군에게 감사의 말씀을 드립니다.

끝으로 본 서의 출판을 적극 지원해주신 예문사의 출판부 관계자 분들께 감사 드립니다.

(주)솔리드이엔지 SIMULIA

CONTENTS

CONTENTS

Abaqus

기 초 와 응 용

CHAPTER

01

Abaqus Start

BRIEF SUMMARY

Abaqus/CAE를 실행하고 파일을 Open하며 FEA와 관련된 다양한 기능 및 그 기능과 관련된 여러 메뉴들을 살펴보면서 Abaqus/CAE를 이용한 유한요소해석의 준비과정을 학습한다.

CHAPTER
•••
PREVIEW

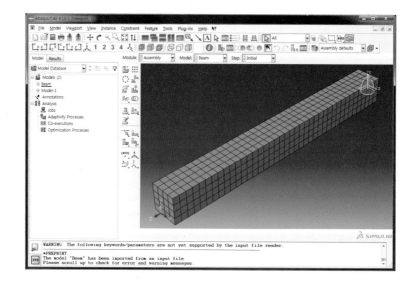

CHAPTER

Abaqus Start

■ ■ 파일경로 : Example_File → Ch01_Start → Beam.cae

01 Abaqus/CAE 화면 구성

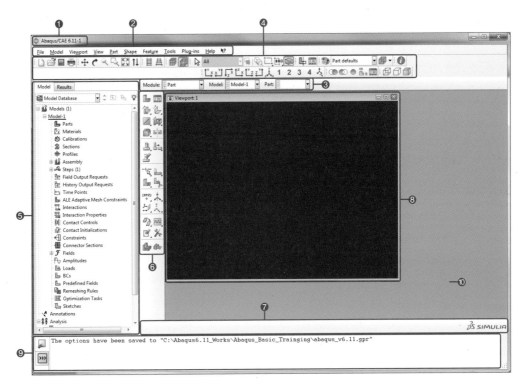

❶ Title bar

◆ Abaqus/CAE 6.13-1 [Viewport: 1]

Title bar는 현재 구동되고 있는 Abaqus/CAE의 릴리즈와 현재 모델 데이터베이스의 이름을 보여준다.

❷ Menu bar

Menu bar는 모든 이용 가능한 메뉴를 포함한다. Abaqus/CAE의 모든 기능에 접근할 수 있으며, Context bar에서 선택한 모듈에 따라 메뉴 표시줄이 변경된다.

❸ Context bar

Abaqus/CAE는 모듈별 set으로 나뉘어져 있다. 각각의 모듈은 모델에 대한 개별 공간으로 작업할 수 있도록 한다. Context bar 안의 모듈 리스트는 각 모듈에서 자유로운 이동을 허용한다. 또한, Context bar 안에는 현재 작업하고 있는 Model들과 그 Model 안에 종속된 Part의 정보를 제공한다.

예를 들어, Context bar는 모델에 대한 형상을 만드는 중에 기존에 있던 파트로 되돌아가거나, 현재 뷰 포트와 연결되는 결과 파일보기로 뷰를 변경하는 기능을 제공한다. Mesh 모듈에서 조립품을 나타나게 할 것인지 부분적인 파트를 나타나게 할 것인지를 선택할 수 있다.

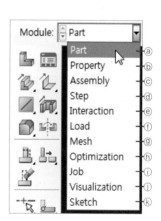

ⓐ Part : 스케치에 의해서 개별적인 파트를 생성하거나 형상을 삽입한다.

ⓑ Property : 단면을 만들고 재질을 정의, 파트의 영역 중에서 단면과 재질을 일치시킨다.

ⓒ Assembly : 어셈블리 파트 객체를 생성한다.

ⓓ Step : 해석 스텝을 만들고 정의한다.

ⓔ Interaction : 모델의 두 영역 상에 접촉과 같은 상호작용을 지정한다.

ⓕ Load : 하중 경계조건을 설정한다.

ⓖ Mesh : 유한요소를 생성한다.

ⓗ Optimization : 최적화 작업을 만들고 구성한다.

ⓘ Job : 해석에 대한 job을 실행하고 그 진행과정을 모니터링한다.

ⓙ Visualization : 해석 결과를 본다.

ⓚ Sketch : 2차원 스케치를 생성한다. 독립적으로 스케치를 생성할 수 있고, Part 생성을 위한 스케치로 Import도 가능하다. 여러 개의 스케치 프로파일에서 파트의 스케치로 선택적 사용이 가능하다.

Part	Property	Assembly
• 스케치에 의해서 개별적인 파트를 생성하거나 형상을 삽입한다.	• 단면을 생성 • 재질을 정의 • 파트의 영역 중에서 단면과 재질을 일치	• 어셈블리 파트 객체를 생성 • 어셈블리 위치 설정
• 해석 스텝을 만들고 정의	• 모델의 두 영역 상에 접촉과 같은 상호작용을 지정	• 하중 조건 설정 • 구속 조건 설정 • 해당 영역의 지정
• 유한요소모델의 생성	• 해석에 대한 job을 실행하고 그 진행과정을 모니터링	• 해석 결과 확인

❹ Toolbars

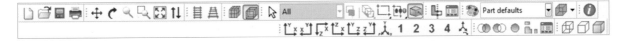

툴바는 해당 메뉴 안에서 이용할 수 있는 기능에 빠른 접근을 제공한다.

❺ Model tree/Result tree

ⓐ Model tree

- 모델 트리는 작업자 모델의 구성을 보여준다. 그리고 오브젝트는 파트, 재질, 스텝, 하중 등을 포함한다.
- 만약 작업 데이터 베이스가 하나 이상 존재한다면 작업자는 모델들 사이를 이동하기 위해서 모델 트리를 사용할 수 있다.
- 작업자는 모델 트리에서 해당 메뉴를 더블클릭 혹은 Context 메뉴(마우스 우측 버튼 클릭)를 이용하여 메뉴바, 모듈, 툴박스, 그리고 다양한 관리기능을 빠르게 이용할 수 있다.

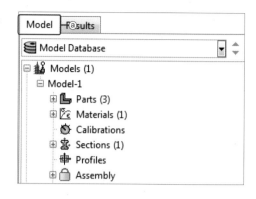

ⓑ Results tree

- 결과 트리는 결과 데이터베이스나 X－Y plots와 같은 지정된 데이터를 그래픽적으로 한눈에 볼 수 있도록 제공한다.
- 하나 이상의 결과 데이터베이스가 있다면 작업자는 선택적으로 결과 데이터베이스에서 결과를 확인할 수 있다.
- 결과 트리를 더블클릭 혹은 Context 메뉴(마우스 우측 버튼 클릭)를 이용하여 비주얼 모듈 안의 대부분의 기능을 빠르게 이용할 수 있다.

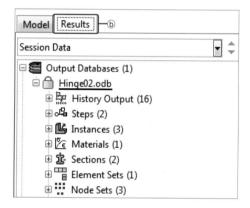

❻ Toolbox area

하나의 모듈을 선택하면 툴박스는 해당 모듈에 부합되는 툴을 표현한다.

툴박스는 Menu bar에서 이용할 수 있는 기능을 빠르게 접근할 수 있도록 한다.

❼ Prompt area

프롬프트는 진행과정에 대한 흐름의 명령을 나타낸
다. 예를 들어 작업자가 하나의 set을 만들 때 어떤
면을 선택할 것인지를 묻는다. 또한, 해당 명령의 되
돌리기, 취소 및 완료의 명령을 클릭할 수 있다.

❽ Viewport

Abaqus/CAE가 모델을 나타내는 캔버스 위의 창이다.

❾ Message area or Command line interface

```
Application restarted after 85 minutes of idle time; the license will be checked within the next 3 minutes.
Warning: Grid center was moved to the sketch center.
Info: 4 entities copied from Sketch-1.
```

ⓐ Message area

Abaqus/CAE는 메시지 영역에 정보 및 주의에 대한 상태를 표시한다. 메시지 영역은 기본적으로 나타나게 된
다. 하지만 이것은 Command line 화면과 동일한 영역으로 사용된다. 만약 최근에 Command line interface를
사용했다면 왼쪽 밑에 있는 Message area 아이콘을 클릭한다.

ⓑ Command line interface

Python 명령어를 적용하기 위해서 Command line을 사용할 수 있다.

⑩ Canvas and drawing area

캔버스는 작업자의 향후 뷰포트를 나타내기
위한 무한한 스크린 혹은 게시판이다. 그림
의 회색 영역으로 뷰포트가 적어도 하나는
있어야 한다.

⑫ View Manipulation Tool bar

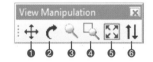

❶ ⊹ Pan View(Ctrl＋Alt＋MB2/F2) 이동
❷ ↻ Rotate View(Ctrl＋Alt＋MB1/F3) 회전
❸ ⊕ Mignify View(Ctrl＋Alt＋MB3/F4) 확대/축소
❹ ⊡ Box Zoom View(F5) 부분확대
❺ ⊠ Auto−fit View(F6) 모델이 화면에 꽉 찬 뷰 생성
❻ ↑↓ The cycle tool(F7) 모델의 이전 뷰를 다시 실행

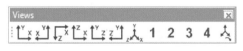

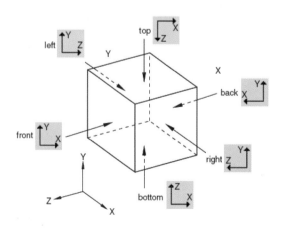

03 Abaqus/CAE Model Tree Process

다음은 Cantilever Model을 생성하기 위한 순서를 보여주고 있다. 하지만 반드시 이 순서를 따라야 하는 것은 아니다.

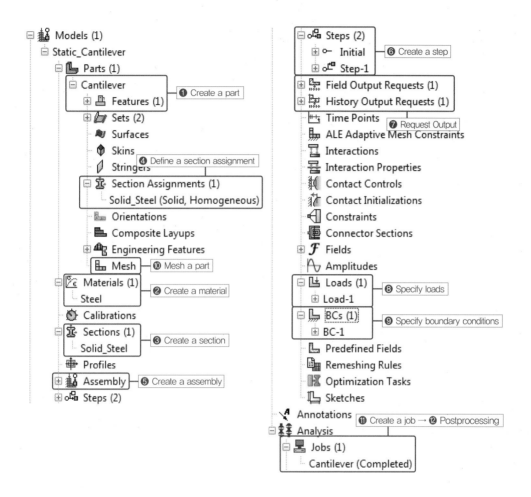

04 마우스 사용법

키보드와 마우스를 동시에 조작하여 아래 명령을 실행한다.

- Rotate : Ctrl key + Alt key + 마우스 왼쪽 버튼
- Pan : Ctrl key + Alt key + 마우스 휠 버튼
- Zoom : Ctrl key + Alt key + 마우스 오른쪽 버튼

05 View manipulation

특정 Application으로 마우스 버튼 지정하기

Main Menu Bar〉Tools〉Options〉View Manipulation〉Application

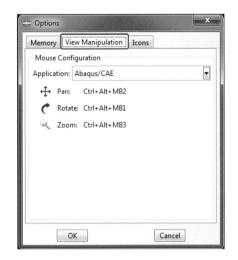 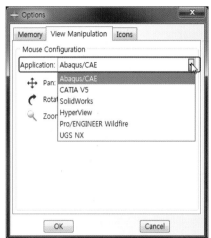

06 마우스 버튼

❶ Mouse button 1

1번 마우스 버튼은 뷰포트 내에 있는 오브젝트들을 선택한다.

❷ Mouse button 2

- 뷰포트에서 2번 마우스를 클릭하는 것은 현재 작업을 끝낸다는 것을 의미한다.
- 만약 작업자의 모델로부터 노드들을 선택하려 했고 Abaqus/CAE가 아래의 프롬프트를 나타내었다면 마우스 2번 버튼을 클릭하는 것은 OK를 클릭하는 것과 동일한 기능을 제공한다.
- 2번 마우스가 휠이라면 스크롤 다운하게 되면 뷰포트의 모델은 확대되고, 스크롤 업하게 되면 뷰포트의 모델은 축소된다.

❸ Mouse button 3

- 작업자는 현재의 프로세스에 연관된 기능의 단축키를 포함하는 팝업 메뉴에 접근하기 위해서 마우스 3번 버튼을 누른다.
- 예를 들어, Geometry set을 만드는 동안 뷰포트에서 마우스 3번 버튼을 누르면 Abaqus/CAE는 그림과 같은 메뉴를 나타낸다.

Abaqus/CAE 파일로 모델 불러오기

01

윈도우 시작〉모든 프로그램〉Abaqus
6.13-1〉Abaqus CAE 클릭하여 실행
한다.

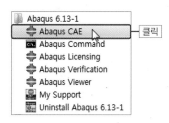

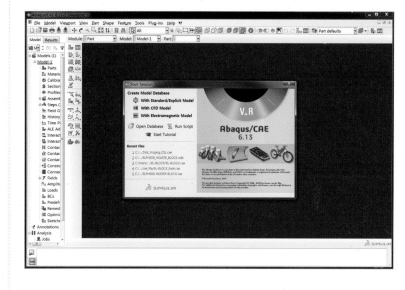

02

Start Session에서 Open Database를 선
택한다. 나타나는 browse에서 Beam.
cae 파일을 선택하고 OK를 클릭한다.

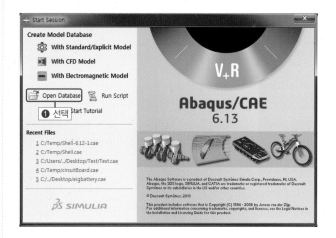

03

Abaqus/CAE에서 Beam모델이 Open
된다.

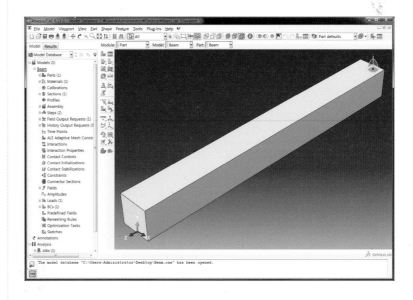

08 inp 파일로 모델 불러오기

01

Main Menu bar〉Import〉Model을 클
릭한다.

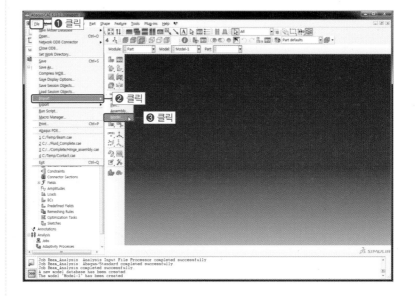

02

Browse에서 Beam.inp를 선택하고 OK
를 클릭한다.(Example_File〉Ch01_
Start〉Beam.inp)

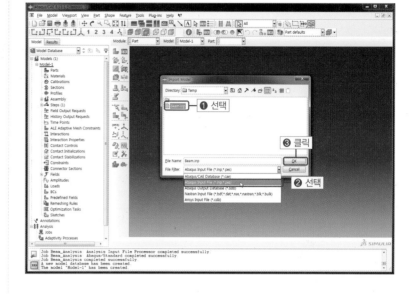

03

Beam이 Viewport에 나타난다.

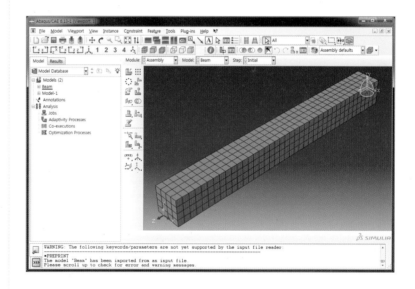

04

Model Tree에 Beam이 추가된다.

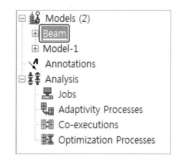

09 Abaqus/CAE 저장하기

01

Main Menu bar〉File〉Save를 선택
한다.

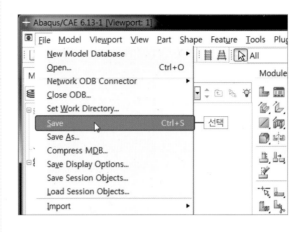

02

Browse에서 파일명을 Beam으로 입력
하고 OK를 클릭한다.

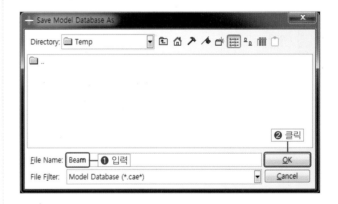

03

Beam.cae 파일이 생성된다.

⑩ Work directory 설정하기

01

Working directory는 Main Menu Bar〉
File〉Set Work Directory : Directory 지
정 : OK를 선택한다.

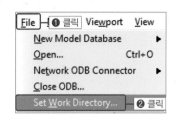

알·고·가·기▶

• Working directory는 해석 결과 파일이 저장되는 위치이다.
• 해석 진행과 동시에 자동으로 결과 파일이 저장된다.
• Working directory 중 한글 경로는 인식하지 못한다.

---

⑪ Abaqus Command 해석하기

01

윈도우 시작〉모든 프로그램〉Abaqus
6.13-1〉Abaqus Command를 클릭
한다.

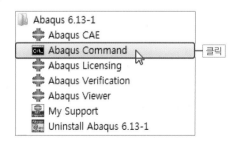

02

Abaqus Command가 실행된다. 윈도우 cmd 명령어에서도 사용 가능하다.

03

제공된 예제 Beam.inp 파일을 C:\Temp Directory에 복사한다. 그리고 Abaqus Command에서 다음과 같이 명령어를 입력한다.

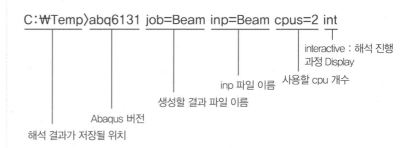

C:\Temp〉abq6131 job=Beam inp=Beam cpus=2 int

해석 결과가 저장될 위치
Abaqus 버전
생성할 결과 파일 이름
inp 파일 이름
사용할 cpu 개수
interactive : 해석 진행 과정 Display

04

다음과 같이 해석이 진행되고 완료되면 Completed 메시지가 나타난다.

05

지정한 Directory에 결과 파일이 생성
된다.

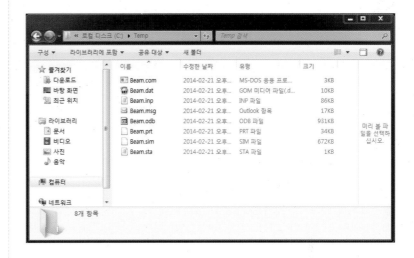

- jobname.cae(Model Database file) : Abaqus/CAE에서 작업한 모든 정보가 저장된 파일
- jobname.jnl : Model Database file을 재생성하기 위한 용도로 Abaqus/CAE에서 사용한 모든 명령어가 저장된 파일
- jobname.com : Abaqus 실행 프로시저 상에서 사용한 솔버의 종류 및 저장 디렉터리 경로가 나타나는 파일
- jobname.dat : 입력 파일을 읽어 들이며 발생한 경고 또는 오류 메시지 출력, 해석결과(*NODE PRINT와 *EL PRINT로 출력 변수 지정)
- jobname.inp : Abaqus의 인풋 파일이다. Abaqus/CAE, Hypermesh와 같은 유한요소 전용 Pre_Processing 프로그램에서 제공되는 파일
- jobname.msg : 해석의 진행과정에서 발생하는 경고와 오류 메시지 출력
- jobname.odb(Output Database file) : 해석 결과가 저장된 파일
- jobname.prt : 파트와 어셈블리의 정보가 저장된 파일
- jobname.sim : Linear dynamics data file로 eigenvectors, substructure matrices, and other modal system information 정보를 저장하는 파일
- jobname.sta : 해석의 increment 진행상태를 확인할 수 있는 파일

⑫ Abaqus/CAE 종료하기

01

Main Menu Bar〉File〉Exit를 선택하면 언제든지 Abaqus/CAE session을 종료할 수 있다. 만약 현재 모델 데이터베이스에서 수정된 것이 있다면 Abaqus/CAE는 그 세션 종료 전에 수정사항을 저장할 것인지를 묻는다. 그리고 나서 현재 모델 혹은 결과 데이터베이스와 모든 윈도우 창을 닫고 세션을 종료한다.

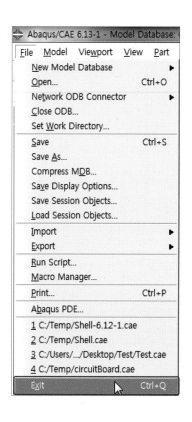

⑬ 단위 설정하기

Quantity	SI	SI(mm)	US Unit(ft)	US Unit(inch)
Length	m	mm	ft	In
Force	N	N	lbf	lbf
Mass	kg	tonne(10^3kg)	slug	lbf s^2/in
Time	s	s	s	s
Stress	Pa(N/m^2)	MPa(N/mm^2)	lbf/ft^2	psi(lbf/in^2)
Energy	J	mJ(10^{-3}J)	ft lbf	in lbf
Density	kg/m^3	tonne/mm^3	slug/ft^3	lbf s^2/in^4

CHAPTER **02**

Static
Analysis

💬 BRIEF SUMMARY

Abaqus에서는 내부의 'Solver'를 활용하여 다양한 방법의 유한요소해석을 수행할 수 있다. 이번 장에서는 Abaqus/Standard를 활용한 정적 해석의 예제를 통하여 Abaqus/CAE에서 유한요소해석을 수행하는 기본적인 절차를 실습한다.

CHAPTER
•••
PREVIEW

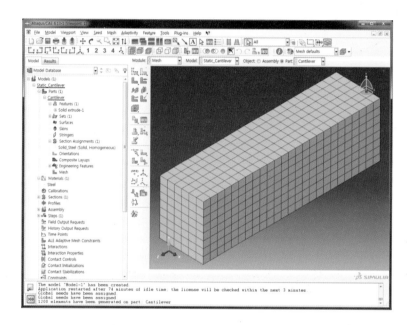

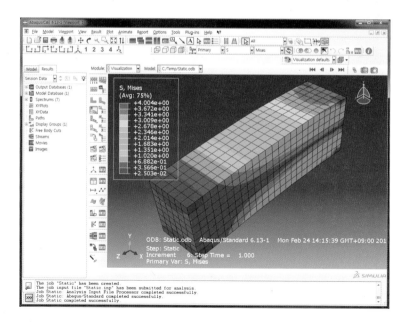

CHAPTER

02

Static Analysis

■ ■ 파일경로 : Example_File → Ch02_Static Analysis → Complete → Static.cae

01

Main Menu Bar에서 Model〉Manager
를 선택한다.

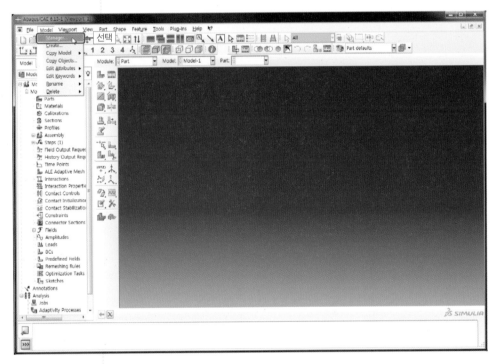

02

Rename을 클릭한다.

03

Name을 Static_Cantilever로 입력하고
OK를 클릭한다.

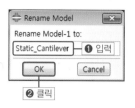

04

Dismiss를 클릭하여 창을 닫는다.

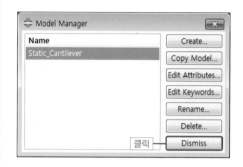

05

Model Tree에서 Parts를 더블클릭한다.

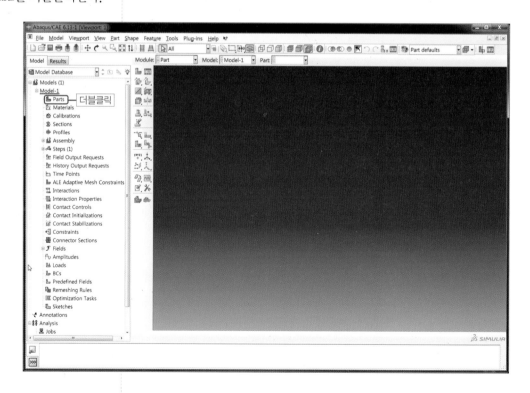

06

Create Part 창에서 Name : Cantilever,
Modeling Space : 3D, Type : Deform
able, Shape : Solid, Type : Extrusion
을 선택하고 Continue를 클릭한다.

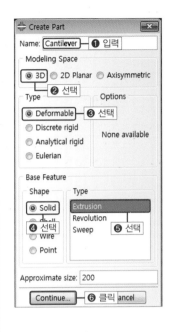

Modeling Space

• **3D** : 부피를 가지는 형상에 대한 정의가 가능하며 6자유도계를 사용하는 해석 시 적용
• **2D Planar** : 3자유도계를 사용하여 특정 방향에 대해 대칭인 모델을 해석할 때 적용
• **Axisymmetric** : 축 대칭 모델을 해석하는 경우 적용하며 기본적으로 3자유도계를 사용하지만 경우에 따라서는 4자유도계도 사용 가능

Type

• **Deformable** : 작업자가 만들거나 가져온 축 대칭, 2차원 3차원의 임의의 형상을 변형 파트로 지정할 수 있다. 변형 파트는 하중 하에서 변형이 될 수 있는 파트를 표현한다. 하중은 기계적, 열적, 전기적 하중일 수 있다. 기본적으로 Abaqus/CAE는 변형될 수 있는 파트를 생성한다.
• **Discrete rigid** : 임의의 형상을 가지는 변형 파트와 유사하지만 별개의 강체 파트로 인식되며 Shell 형상을 지원하고 rigid mesh를 생성한다.
• **Analytical rigid** : Analytical rigid는 접촉해석에서 강체 면의 표현으로 사용되며, 형상은 임의의 복잡한 형상이 되면 안 되고, 스케치된 Line, Arcs 와 같이 단순한 형태로 구성되어야 한다. Discrete rigid와는 다르게 Mesh를 따로 생성하지 않는다.
• **Eulerian** : Eulerian 파트는 재료가 Eulerian 거동이 일어날 수 있도록 영역을 정의하는 데 사용된다. Eulerian 파트는 해석 동안 변형되지 않는다. 대신에 그 파트 안에 재료는 하중 하에서 변형되고 강체 요소 경계 내에서 이동한다.

07

다음과 같이 Sketcher 화면으로 전환
된다.

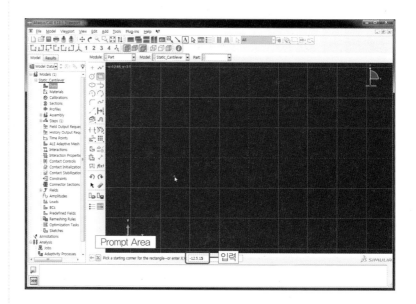

08

Rectangle 아이콘(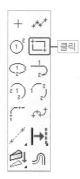)을 클릭한다.

09

Prompt area에 다음의 좌표를 차례로
입력한다.
Start Point (−12.5, 15)〉Enter Key〉
End Point(12.5, −15)〉Enter Key

10

다음과 같이 사각형이 생성된다.
Rectangle 명령을 해제하기 위해서 Esc
key를 누른다.

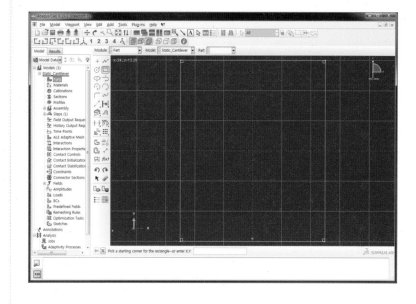

11

Add Dimension 아이콘(⬚)을 클릭하
고, 사각형의 아래 변을 선택한다.

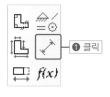
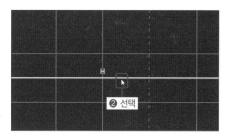

12

치수가 자동으로 생성되고, 치수선이
마우스 커서를 따라 움직인다. 치수선
의 위치를 결정하고 마우스 왼쪽버튼
을 클릭하고 Enter Key를 누른다.
치수선이 붉은 색에서 흰색으로 변경
되어 치수가 확정된다.

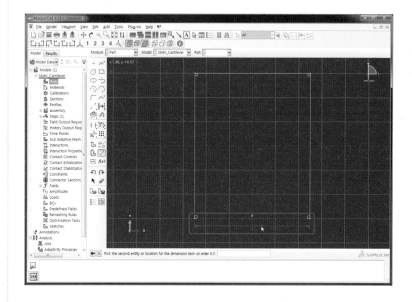

13

Add Dimension 아이콘(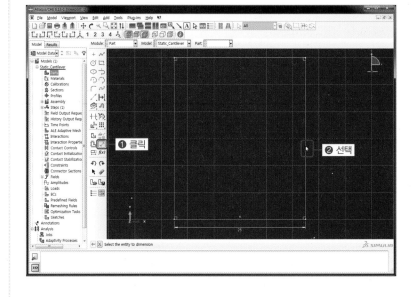)을 클릭하고, 사각형의 오른쪽 변을 선택한다.

14

치수의 위치를 결정하고 마우스 왼쪽버튼을 클릭한 후 Enter Key를 누른다.

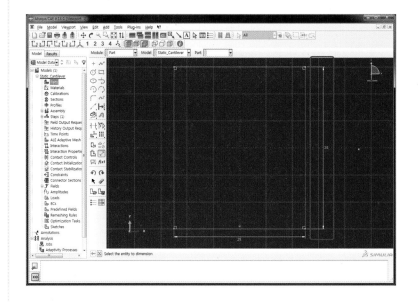

15

Add Dimension 아이콘(⬈)을 클릭하여 아이콘 활성화를 해제한다.

16

Prompt Area에서 Done을 클릭한다.

17

Edit Base Extrusion 창에서 Depth:
100을 입력하고 OK를 클릭한다.

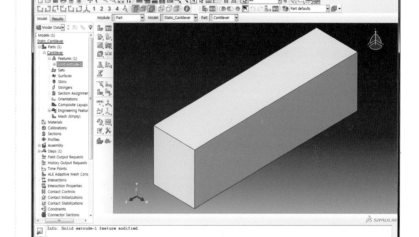

18

그림과 같이 형상이 생성된다.

19

생성한 형상의 단면을 수정하기 위해
Model Tree > Section Sketch에서 마우
스 오른쪽 버튼을 클릭하여 Edit를 선
택한다.

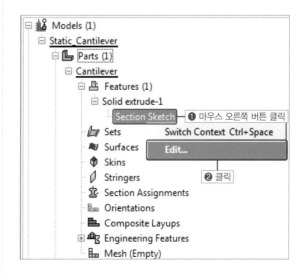

20

Sketch 화면으로 전환된다.

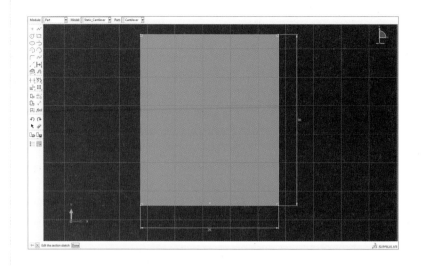

21

Edit Dimension Value 아이콘(🔲)을
선택하고 변경할 아래 치수선을 선택
한다.

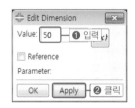

22

Edit Dimension 창에서 50을 입력하
고, Apply를 클릭하면 그림과 같이 치
수가 변경된다.

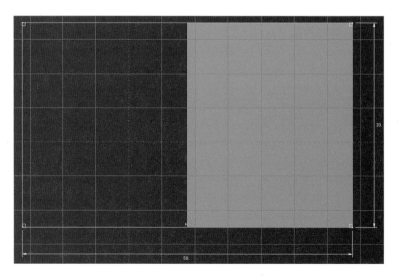

23

Edit Dimension 기능을 해제(Esc key 누름)한 후 Prompt area에서 Done을 클릭한다.

24

그림과 같이 경고창에서 수정사항은 Feature → Regenerate하여야 한다는 메시지를 보여주며 OK를 클릭한다.

25

수정사항이 반영되지 않은 형상이 나타난다.

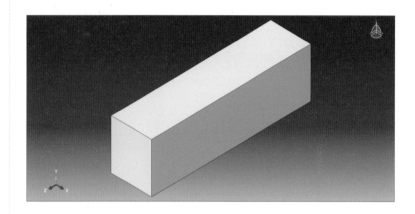

26

Model Tree에서 그림과 같이 Solid extrude-1 앞에 체크가 되어 있는 것을 확인한다.

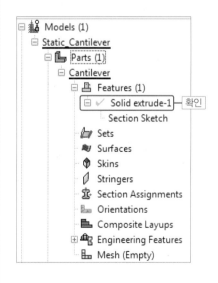

27

Features(1)에서 마우스 오른쪽 버튼을
클릭하여 Regenerate를 선택하고 형상
이 변경된 것을 확인한다.

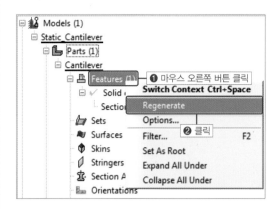

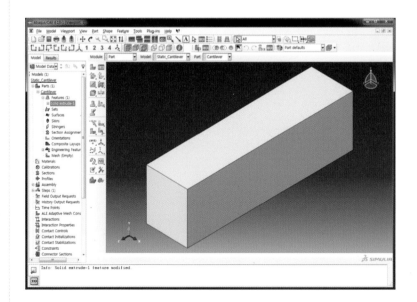

28

치수를 원래 치수인 폭 25, 높이 30으
로 변경한다.

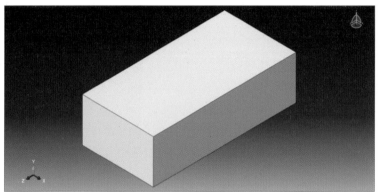

29

Module에서 Property를 선택한다.

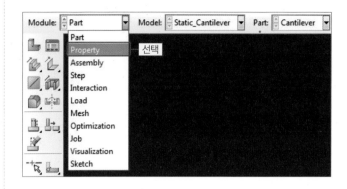

30

Model Tree의 Materials에서 마우스 오른쪽 버튼을 클릭하여 Create를 선택한다.

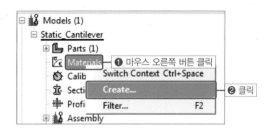

31

Edit Material 창에서 Mechanical〉Elasticity〉Elastic를 차례로 선택한다.

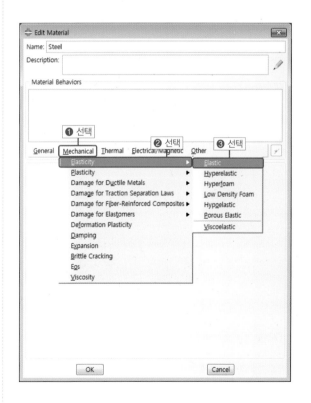

32

Name: Steel, Young's Modulus : 2,141,000, Poisson's Ratio : 0.3을 입력하고 OK를 클릭한다.

33

Model Tree의 Materials 아래 Steel이 추가된다.

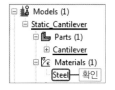

34

그림과 같이 Steel에서 마우스 오른쪽 버튼을 클릭한 후 Edit를 선택하여 Material (1)을 수정할 수 있다.

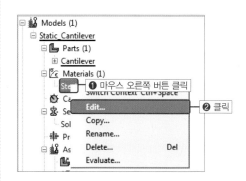

35

Model Tree의 Sections에서 마우스 오른쪽 버튼을 클릭하여 Create를 선택한다.

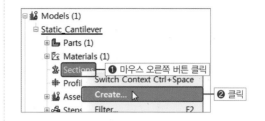

36

Name: Solid_Steel, Solid: Homogeneous를 선택하고 Continue를 클릭한다.

37

앞에서 생성한 Steel을 선택하고, OK를 클릭한다.

38

Material과 이를 적용한 Section을 Section Assignment를 이용하여 해당 파트에 반드시 적용하여야 한다.
Section Assignment에서 마우스 오른쪽 버튼을 누르고 Create를 선택한다.

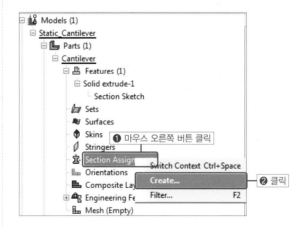

39

앞에서 생성한 파트를 선택한다.

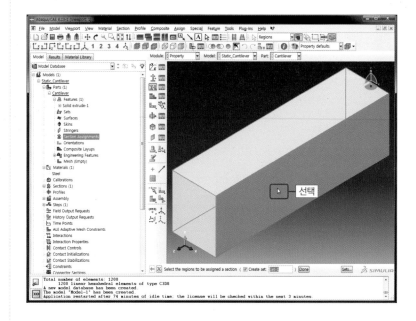

40

Prompt Area에서 Done을 클릭한다.

41

Section : Solid_Steel을 선택하고, OK를 클릭한다.

42

Section이 파트에 적용되었다는 의미
로 녹색으로 바뀐다.

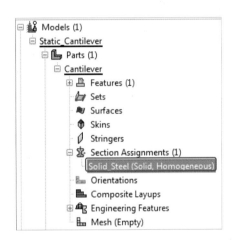

43

Model Tree의 Section Assignment에
Solid_Steel이 추가된다.

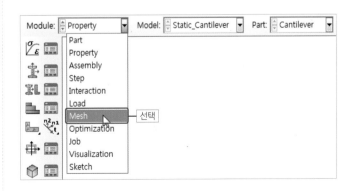

44

Module에서 Mesh를 선택한다.

45

Module의 Object에 Part : Cantilever가
나타난다.

46

Seed Part 아이콘(▦)을 선택한다.

47

Approximate global Size를 4로 설정하
고 OK를 클릭한다.

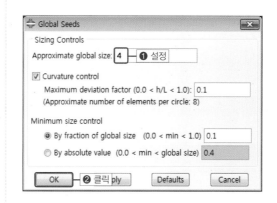

알 고 가 기

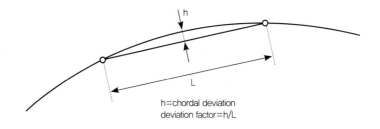

h=chordal deviation
deviation factor=h/L

48

다음 그림과 같이 Seed가 Preview된다.

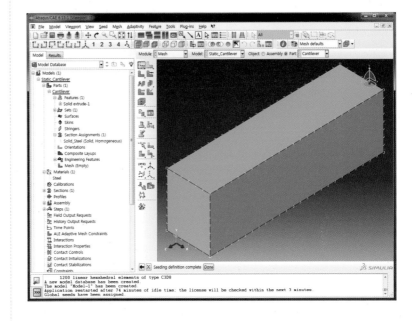

49

Mesh Part 아이콘()을 선택한다.

선택

50

Prompt Area에서 Yes를 클릭한다.

OK to mesh the part? Yes─클릭

51

Mesh가 생성된다.

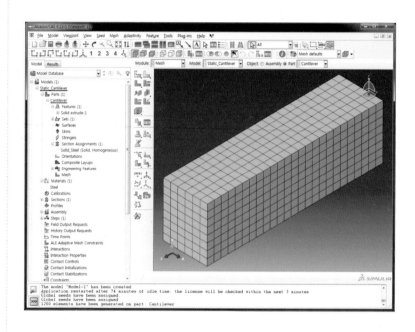

52

Assign Element Type 아이콘()을 선택한다.

53

Element Type을 적용할 Element를 그림과 같이 선택하고 Prompt Area에서 Done을 클릭한다.

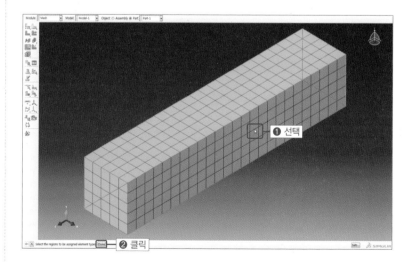

54

Element Type 창에서 Reduced integration을 check off하고 OK를 클릭한다.

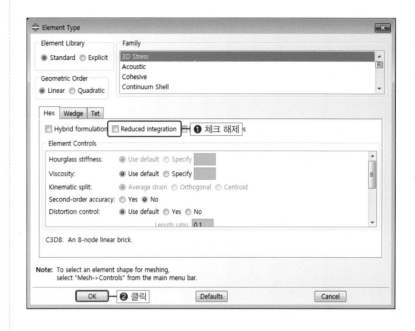

Full Integration Element와 Reduced Integration Element

• Reduced Integration Quadrangle : S4R
• Full Integration Quadrangle : S4

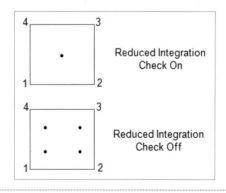

55

Main Toolbar에서 Query Information 아이콘(ⓘ)을 클릭한다.

56

General Queries에서 Mesh를 선택
한다.

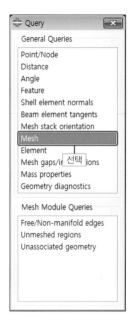

57

Prompt Area에서 Done을 클릭한다.

58

Message Area에 Mesh에 대한 정보가
나타난다.

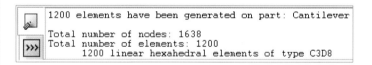

59

Module에서 Assembly를 선택한다.

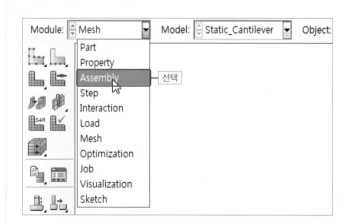

60

Model Tree의 Instances에서 마우스 오른쪽 버튼을 클릭하여 Create를 선택한다.

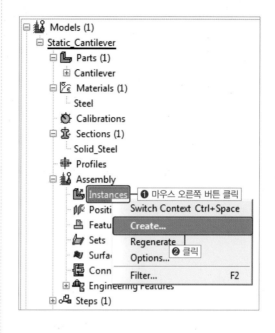

61

Parts, Cantilever를 선택하고 OK를 클릭한다.

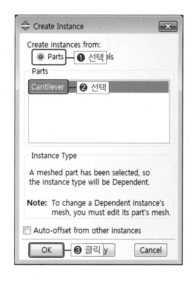

62

Cantilever-1이 Instances (1) 아래에 추가된다.

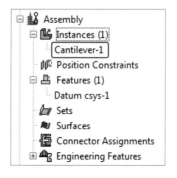

63

Module에서 Step을 선택한다.

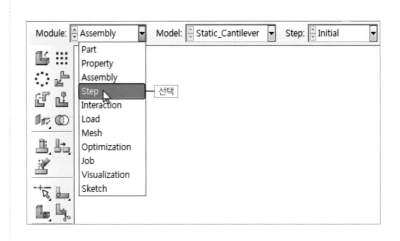

64

Model Tree의 Step에서 마우스 오른쪽 버튼을 클릭하여 Create를 클릭한다.

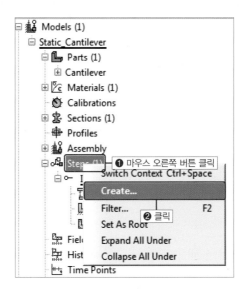

65

Create Step 창에서 Name: Static을 입력하고 Static, General을 선택한 후 Continue를 클릭한다.

66

Basic에서는 기본 값으로 설정하고
Incrementation에서는 Initial Increment
size : 0.1을 입력하고 OK를 클릭한다.

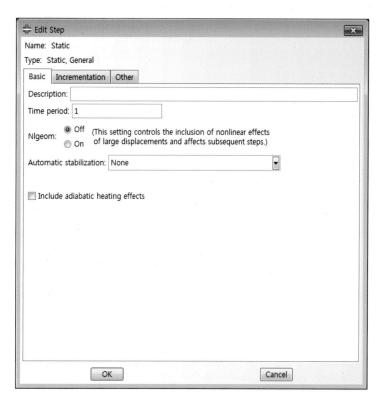

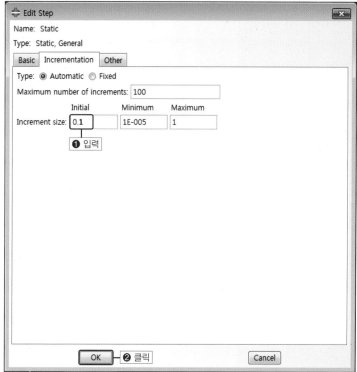

67

Model Tree의 Steps (2)에 Static이 추
가된다.

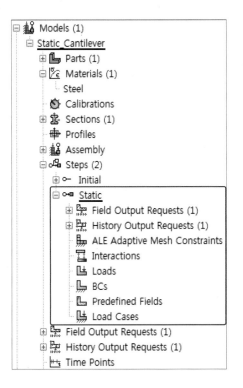

68

Module에서 Interaction을 선택한다.

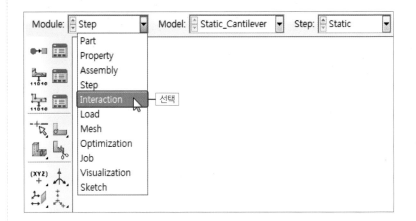

69

Create Reference Point 아이콘(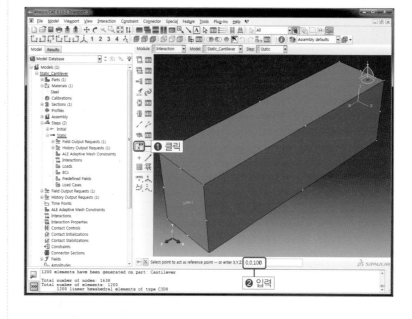)을
클릭하고 Prompt Area에 0,0,100을
입력한 후 마우스 휠 버튼을 클릭한다.

70

입력한 좌표 위치에 RP-1이 생성된다.

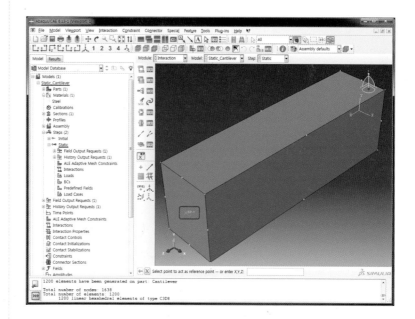

71

Create Constraint 아이콘(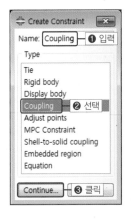)을 클릭한 후 나타난 Create Constraint 창에서 Name: Coupling을 입력하고 Coupling을 선택한 후 Continue를 클릭한다.

72

앞에서 생성한 RP-1을 선택하고 Done을 클릭한다.

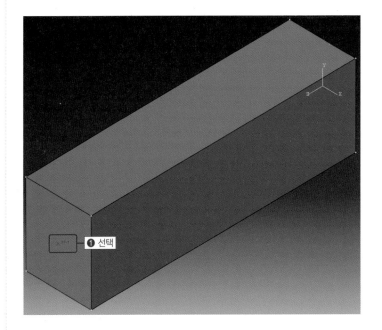

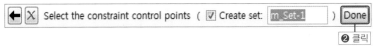

73

Prompt area에서 Surface를 클릭하고
그림과 같이 면을 선택한 후 Done을
클릭한다.

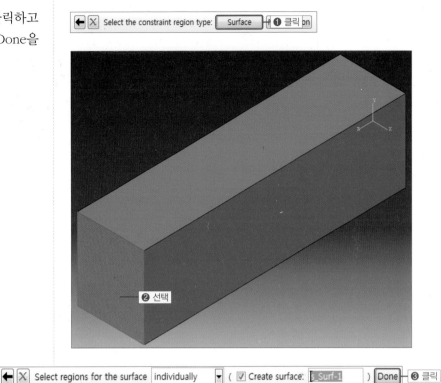

74

Edit Constraint 창에서 Kinematic을 선
택하고 OK를 클릭한다.

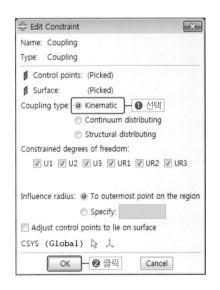

알·고·가·기

Coupling을 사용하는 경우는 여러 가지가 있지만 본 교재에서는 RP-1에 가한 하중을 선택한 면의 절점에 분산하기 위해 적용한다.

75

그림과 같이 Constraint가 적용된다.

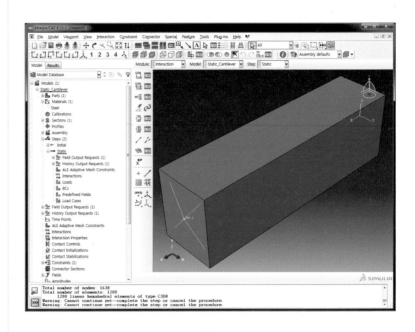

76

Module에서 Load를 선택한다.

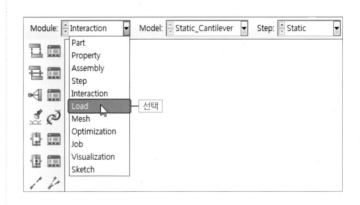

77

Create Load 아이콘(⬐)을 클릭하여 나타난 Create Load 창에서 Name : Force를 입력하고 Mechanical, Concentrated force를 선택한 후 Continue를 클릭한다.

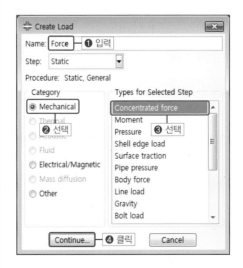

78

RP-1을 선택하고 Done을 클릭한다.

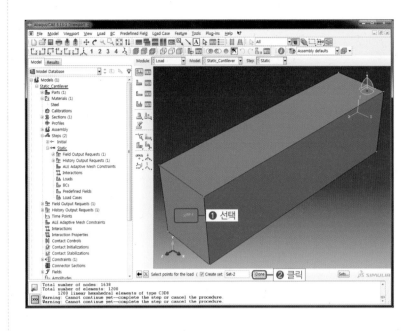

79

Edit Load 창에서 CF2: −150을 입력
하여 Y축 반대방향으로 150kgf의 하
중을 적용한다.

80

다음과 같이 하중이 적용된다.

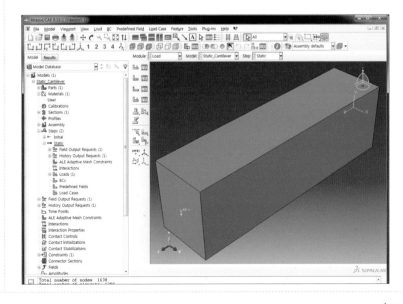

81

Create Boundary Condition 아이콘
(▥)을 클릭하여 나타난 CreateBoun
dary Condition 창에서 Name : Fix
를 입력하고 Mechanical, Symmetry/
Antisymmetry/Encastre를 선택하고
Continue를 클릭한다.

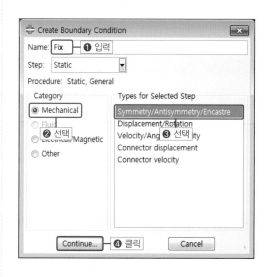

82

하중을 적용한 반대 면을 선택하고
Done을 클릭한다.

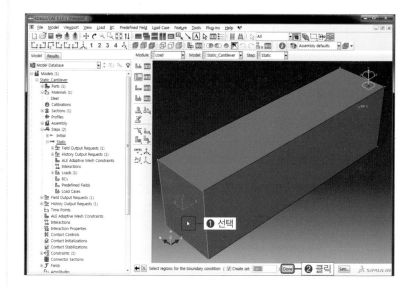

83

Edit Boundary Condition 창에서
PINNED를 선택하고 OK를 클릭한다.

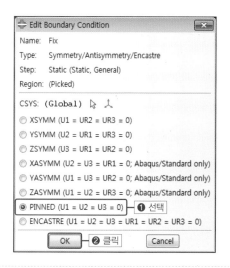

Solid Mesh에서 각 절점은 회전자유도를 가지지 않기 때문에 PINNED를 선택해도 고정을 할 수 있다. Shell이나 Beam mesh에서는 고정을 할 경우 반드시 ENCASTRE를 선택하여 이들이 가지는 6자유도를 모두 구속하여야 한다.

84

아래 그림과 같이 구속 조건이 적용된다.

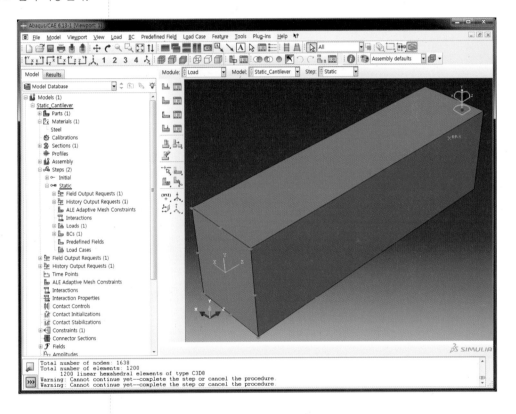

85

Module에서 Job을 선택한다.

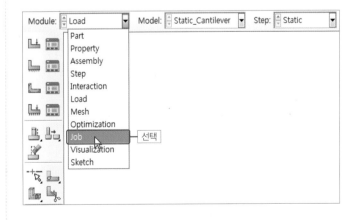

86

Job Manager 아이콘(▦)을 클릭하여
나타난 Job Manager 창에서 Create를
클릭한다.

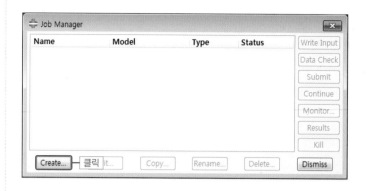

87

Create Job 창에서 Name: Static을 입
력하고 Continue를 클릭한다.

88

Edit Job 창의 Parallelization에서 Use
multiple processors의 개수를 2로 지
정한다. 이 탭은 라이선스가 허용하는
범위에서 CPU의 core 수를 지정하는
옵션이다.

89

Job Manager 창에서 생성한 Job을 선택한 후 Submit를 클릭하여 해석을 시작한다.

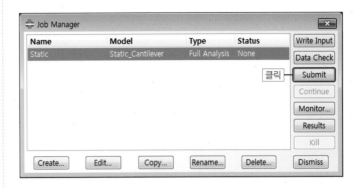

90

Job Manager 창에서 Monitor를 눌러 해석 진행과정을 확인한다.

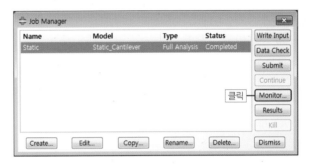

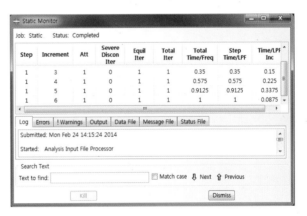

91

Status가 Completed가 되면 Results를
클릭한다.

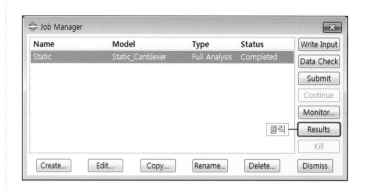

92

다음과 같이 Results Tree로 변경되면
서 Module이 자동적으로 Visualization
으로 변경된다.

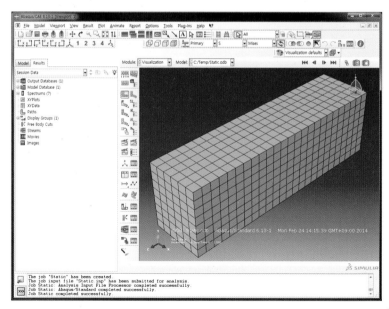

93

Plot Contours on Deformed Shape 아이콘(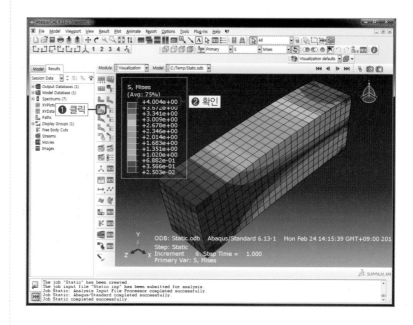)을 클릭하여 해석 결과를 확인한다. 최대 응력이 4.004kgf로 계산 결과와 거의 일치함을 알 수 있다.

알·고·가·기

Cantilever |예제 문제|

폭 × 높이 = 25cm × 30cm인 직사각형 단면의 외팔보가 자유단에 150kgf의 집중하중을 받고 있다. 이 외팔보의 길이가 100cm일 때 이 보에 발생하는 최대 굽힘 응력을 계산하라.

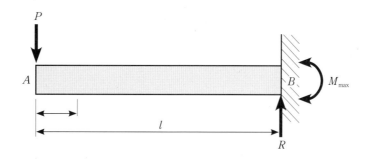

$\sigma_{max} = \dfrac{M_{max}}{Z}$ 에서

$M_{max} = -P \times l = 150\text{kgf} \times 100\text{cm} = 150,000\text{kgf} \cdot \text{cm}$

$Z = \dfrac{I}{e} = \dfrac{\dfrac{bh^3}{12}}{\dfrac{h}{2}} = \dfrac{bh^2}{6} = \dfrac{25\text{cm} \times (30\text{cm})^2}{6} = \dfrac{25 \times 900\text{cm}^3}{6} = 3,750\text{cm}^3$

$\sigma_{max} = \dfrac{M_{max}}{Z} = -\dfrac{15,000\text{kgf} \cdot \text{cm}}{3,750\text{cm}^3} = -4\text{kgf/m}^2$

94

변위를 확인하기 위해 Field Output에서 U를 선택한다.

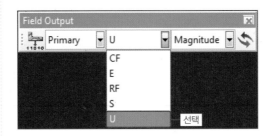

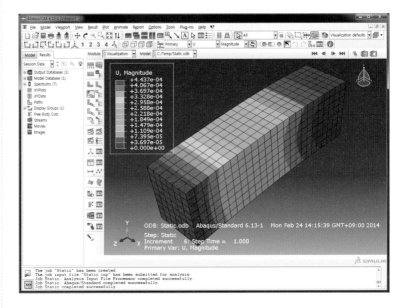

$$\delta_{max} = \frac{Pl^3}{3EI} \text{ 에서}$$

$$P \times l^3 = 150 \times 100^3 = 150,000,000$$

$$I = \frac{bh^3}{12} = \frac{25\text{cm} \times (30\text{cm})^3}{12} = \frac{25 \times 27,000\text{cm}^3}{12} = 56,250\text{cm}^4$$

$$\delta_{max} = \frac{150,000,000}{3 \times 2,141,000 \times 56,250} = 4e-4\text{cm}$$

CHAPTER

03

Contact
Analysis

■ BRIEF SUMMARY

실제 어느 한 물체는 다른 물체와 물리적 · 열적으로 다양한 상호작용을 하게 되는데 이를 일반적으로 '접촉'이라고 한다. Abaqus에서는 강력하고 다양한 접촉조건을 지원하는데, 이 장에서는 실습을 통하여 Abaqus에서의 접촉해석에 대한 절차를 학습한다.

CHAPTER
•••
PREVIEW

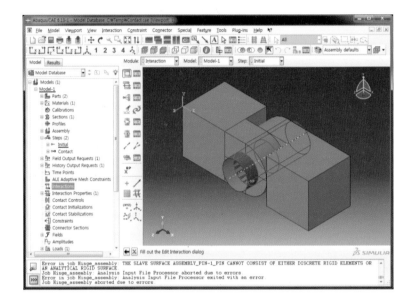

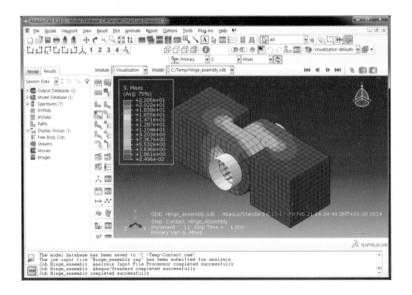

CHAPTER

03

Contact Analysis

■ ■ **시작파일** : Example_File → Ch03_Contact → Start → Hinge_Assembly.stp

■ ■ **완료파일** : Example_File → Ch03_Contact → Complete → Hinge_Assembly.cae

01

Model Tree〉Parts에서 마우스 오른쪽 버튼을 클릭하여 나타나는 메뉴 창에서 Import를 선택한다.

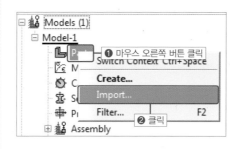

02

제공된 예제 파일에서 Ch03_Sample_Contact〉HingeAssembly.stp 파일을 Open한다.

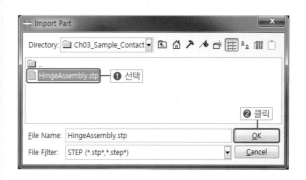

03

Create Part from STEP File 창의 Part Name에 Hinge_Hole이라고 입력하고, OK를 클릭한다.

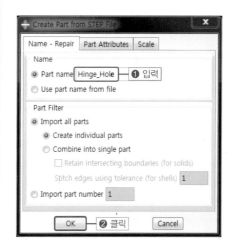

04

Model Tree에 Hinge_Hole에 대한
Feature가 추가되고 Part의 형상이 나
타난다.

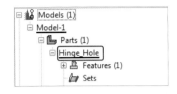

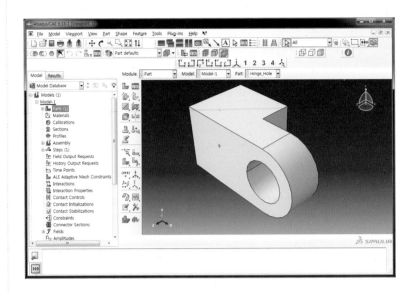

05

Model Tree에서 Materials를 더블클릭
한다.

06

나타난 Edit Material 창에서 Name Field
에 Steel을 입력하고 Mechanical〉
Elasticity〉Elastic을 차례로 선택한다.

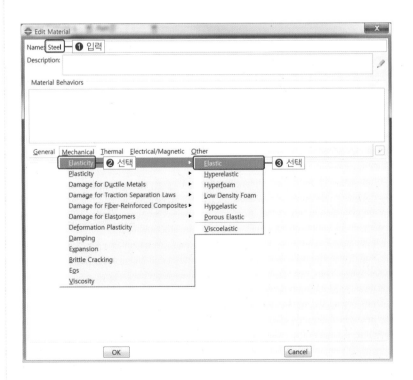

07

Edit Material 창에서 Young's Modulus
: 210,000, Poisson's Ratio : 0.3을 입
력하고 OK를 클릭한다.

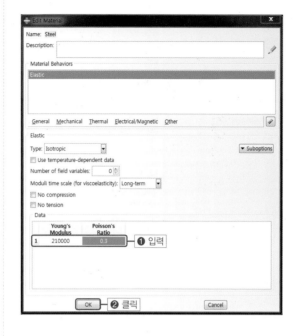

08

Model Tree에서 Sections를 더블클릭
한다.

09

나타난 Create Section 창에서 Category
: Solid, Type : Homogeneous를 선택
하고 Continue를 클릭한다.

10

나타나는 Edit Section 창에서 Material
에 Steel을 선택하고, OK를 클릭한다.

11

생성한 Section을 Model에 적용하기
위해서 Model Tree에 Hinge–Hole의
Section Assignments를 더블클릭한다.

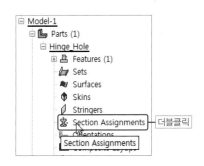

12

그림과 같이 Hinge_Hole을 선택한다.

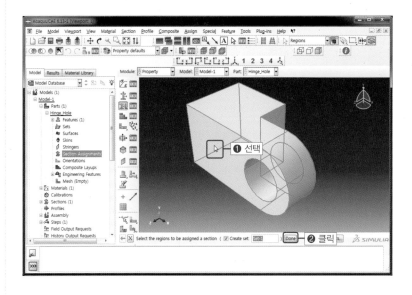

13

Prompt Area의 Done(마우스 휠 버튼)
을 클릭한다.

14

나타나는 Edit Section Assignment 창의 Section에서 Section−1을 선택하고, OK 버튼을 클릭한다.

15

Section이 적용된 모델이 녹색으로 변경된다.

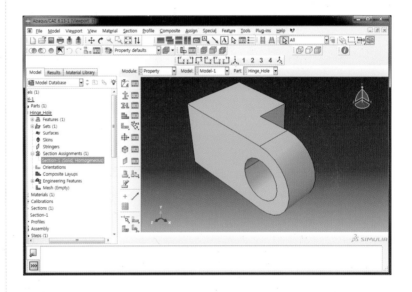

16

Model Tree의 Parts (1)을 마우스 오른쪽 버튼을 클릭하여 Create를 선택한다.

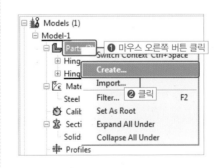

17

나타나는 Create Part 창에서 Name
에 Pin을 입력한다. Modeling Space
: 3D, Type : Analytical Rigid, Base
Feature : Revolved Shell을 선택하고
Continue를 클릭한다.

18

나타나는 Sketch평면에서 Create Lines :
Connected 아이콘(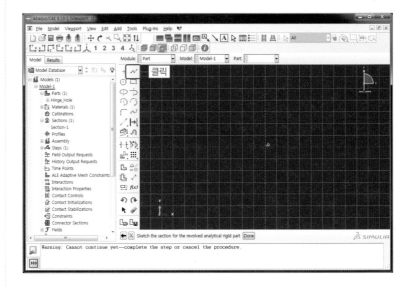)을 클릭한다.

19

Prompt Area에서 Start Point(10, 30)
입력하고 Enter〉End Point(10, −30)
입력한 후 Enter한다.

20

수직 Line이 생성된다. Esc key를 눌러
명령을 종료한다.

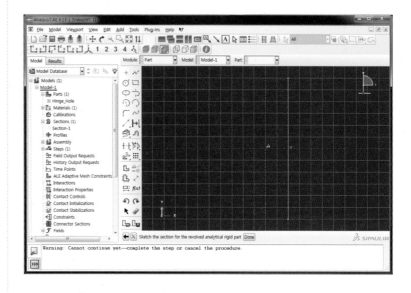

21

Add Dimension 아이콘(🖉)을 선택하
여 중심선과 Line을 차례로 선택한다.

22

Prompt Area에서 12를 입력하고 Enter
한다. Esc key를 눌러 명령을 종료한다.

23

Prompt Area의 Done 버튼을 클릭한다.

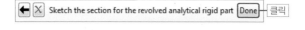

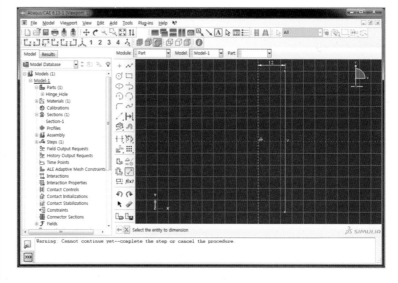

24

그림과 같이 Revolved된 형상을 볼 수
있다.

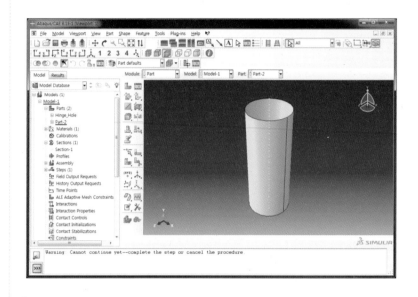

25

Main Menu Bar의 Tools〉Reference
Point를 선택하고, Pin의 원주에 있는
Point를 선택한다. RP Point가 생성
된다.

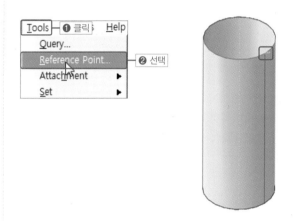

26

Module〉Part〉Model−1〉Hinge_Hole
을 선택한다.

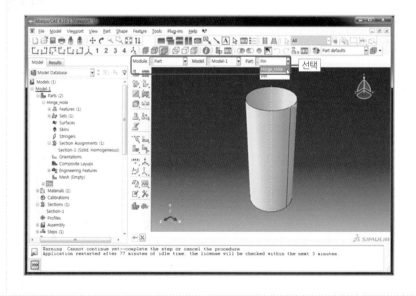

27

그림과 같이 Hinge_Hole 모델로 전환
된다.

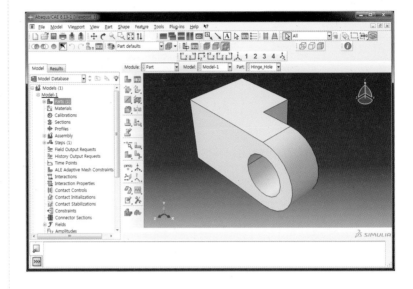

28

Model Tree에서 Parts (2)〉Hinge_
Hole〉Mesh를 더블클릭한다.

29

Module이 Mesh로 변경되고, View
Port의 Model이 주황색으로 나타난다.

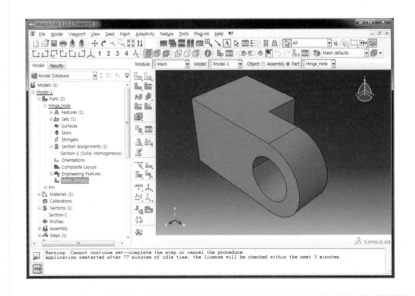

30

Main Menu Bar에서 Tools>Partition을 선택한다.

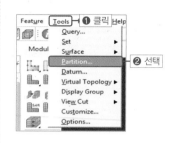

31

Create Partition 창에서 Type : Cell, Method : Extend Face를 선택한다.

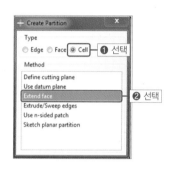

32

그림과 같이 Viewport에서 Hinge_ Hole 면을 선택한다.

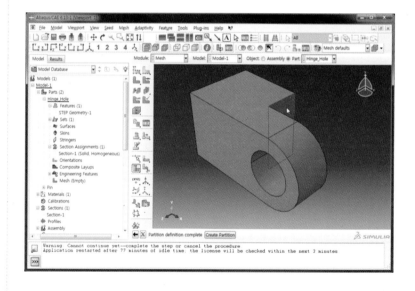

33

Prompt Area의 Create Partition을 클릭한다.

34

Partition이 된 Model 형상이 나타난다.

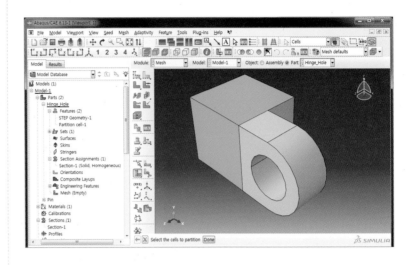

35

Prompt Area에서 Done 클릭하여 종료
한다.

36

Tools〉Partition〉Create Partition 창에
서 Define Cutting Plane을 클릭한다.

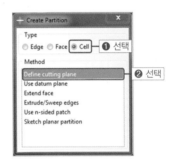

37

Partition을 적용할 영역을 선택한다.

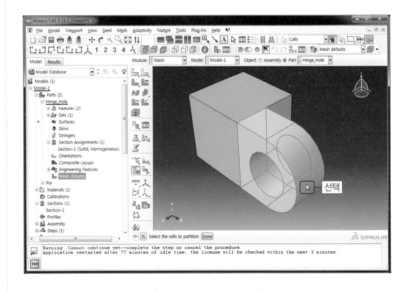

38

Prompt Area에서 Done을 클릭한다.

39

Prompt area에서 Point & Normal 버튼
을 선택한다.

40

Hole의 중심 Point를 선택한다.

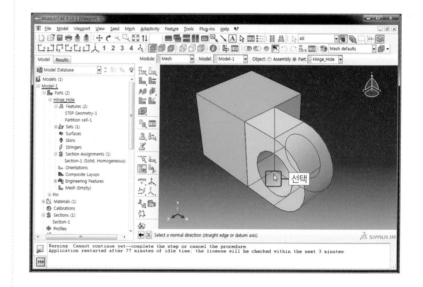

41

그림과 같이 Partition Line을 선택한다.

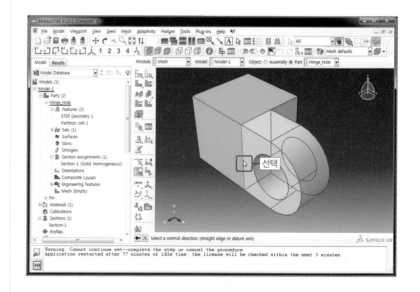

42

Prompt Area에서 Create Partition 버튼을 클릭한다.

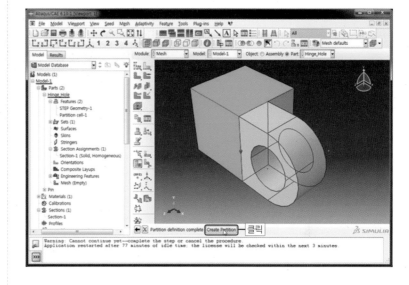

43

그림과 같이 Cell이 분할되고, Prompt Area에서 Done을 클릭한다.

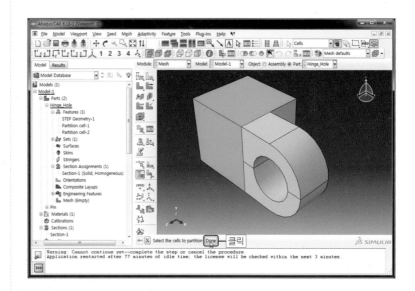

44

Tools〉Partition〉Create Partition 창에서 Type : Cell, Method : Define Cutting Plane를 선택한다.

45

Partition을 할 영역을 Shift key를 이용하여 다중 선택한다.

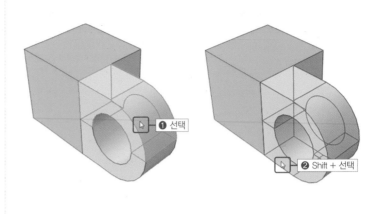

46

Prompt Area에서 Done 버튼을 클릭한다.

47

Prompt area에서 Point & Normal 버튼을 선택한다.

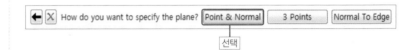

48

Point와 모서리를 차례로 선택하고, Prompt Area에서 Create Partition 버튼을 클릭한다.

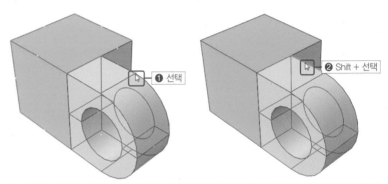

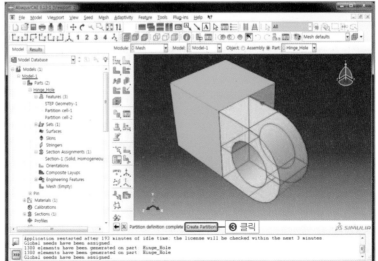

49

다음과 같이 Cell이 분할된 것을 확인
할 수 있다. Prompt Area에서 Done 버
튼을 클릭한다.

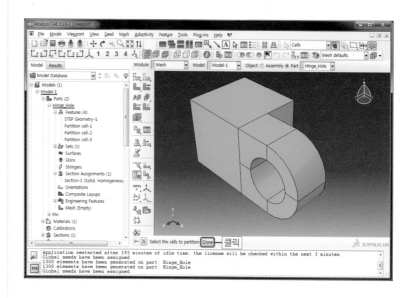

50

Assign Mesh Controls 아이콘(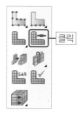)을
클릭한다.

51

View Port에서 마우스로 Drag하여 전
체 모델을 선택한다.

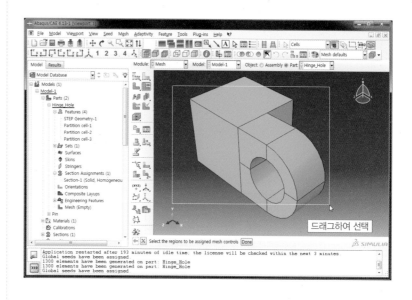

52

Prompt Area 창에서 Done을 클릭한다.

53

나타나는 Mesh Control dialog box에서 Element Shape : Hex, Technique : Structured를 선택하고 OK 버튼을 클릭한다.

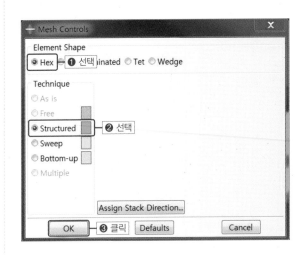

54

Prompt Area에 Done 버튼을 클릭한다.

55

Element Type 아이콘(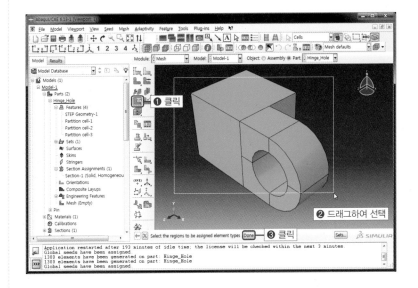)을 클릭하고, View Port에서 다음과 같이 마우스 Drag를 이용해 전체 모델을 선택한 후 Prompt 창에서 Done을 클릭한다.

56

Element Type 창에서 Hex : Reduced integration을 선택하고 OK 버튼을 클릭한다.

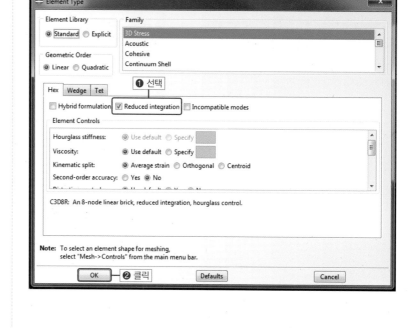

57

Prompt Area에서 Done을 클릭한다.

Select the regions to be assigned element types [Done]─클릭

58

Seed Part 아이콘(▦)을 클릭한다.

59

Global Seeds 창의 Approximate
Global Size에 "4"를 입력하고 OK 버
튼을 클릭하면 Edges에 Seed가 생성
된다. Prompt Area에서 Done을 클릭
한다.

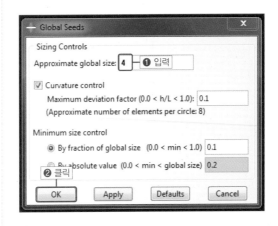

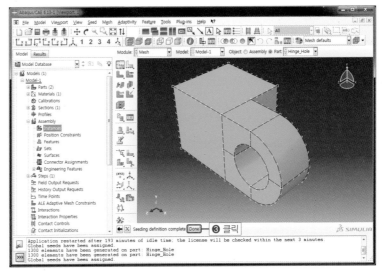

60

Mesh Part 아이콘()을 클릭한다.

61

Prompt Area에서 Yes를 클릭하면 Mesh
가 생성된다.

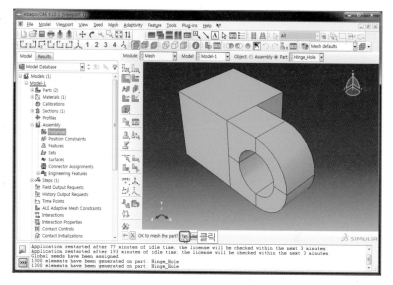

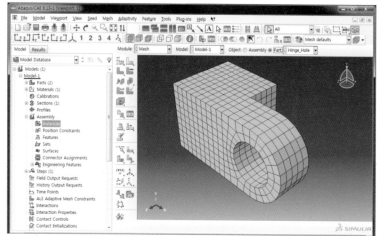

62

Model Tree의 Assembly에서 Instances
를 더블클릭한다.
(자동으로 Assembly Module로 전환)

63

나타난 Create Instance 창의 Parts에
Hinge_Hole을 선택하고 Apply 버튼
을 클릭한다. Auto-Offset from other
instances를 Check On 하는 경우 자동
으로 Instance 간의 위치를 Offset 하게
된다.

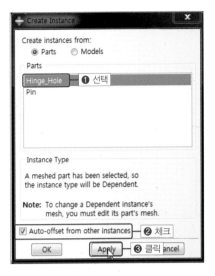

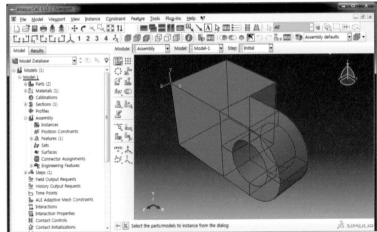

64

Create Instance 창의 Parts에 Hinge_
Hole을 한번 더 선택하고 OK를 클릭
한다.

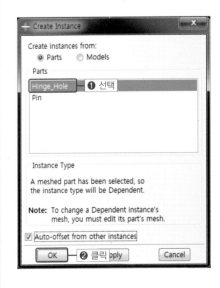

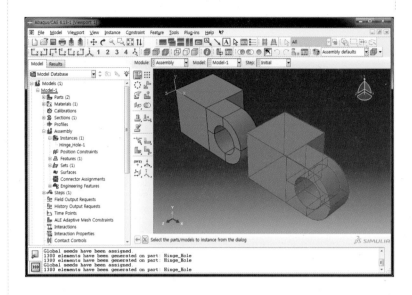

65

Viewport에 Hinge_Hole-1과 Hinge_
Hole-2가 나타난다.

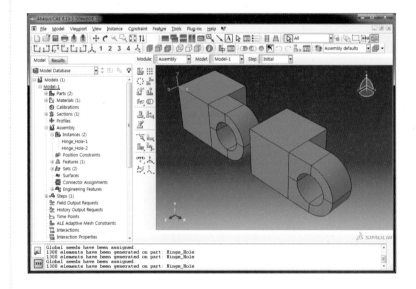

66

Create Instance 아이콘()을 선택
한다.

67

Parts의 Pin을 선택하고 Auto-Offset from Other Instance를 Check On하고 Apply → OK한다.

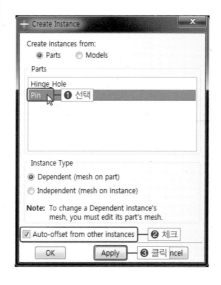

68

Viewport에 Pin-1이 나타난다.

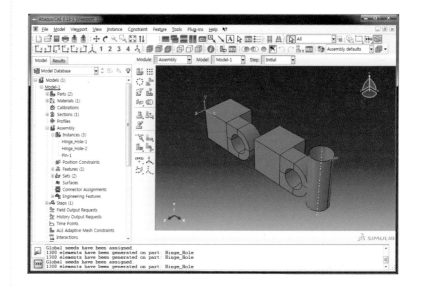

69

각각의 Part를 Assembly하기 위해 그림과 같은 Position Constraints를 사용한다. Menu Bar에서 Constraint의 Coaxial을 선택한다.

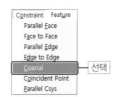

70

Hole 내부에서 임의의 Face를 선택한다.

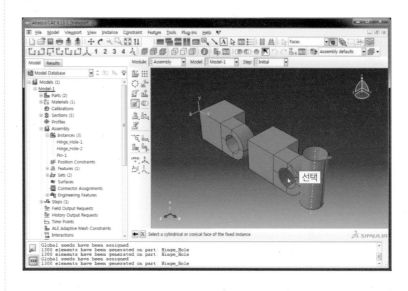

71

다른 한 Part의 내부에서 임의의 Face 를 선택한다.

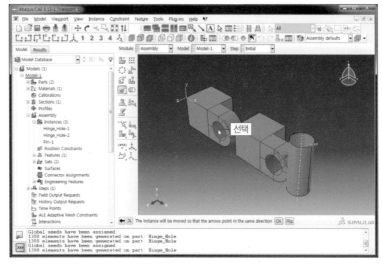

72

Prompt Area의 Flip 버튼을 클릭하여 Axial의 방향이 바뀐 것을 확인한 후 OK 버튼을 클릭한다.

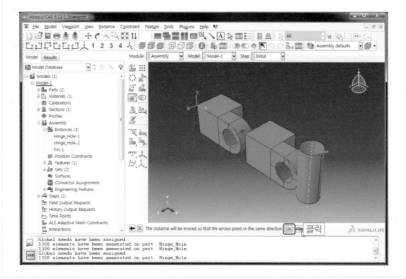

73

그림과 같이 두 파트의 Hole이 동일한
축에 위치하게 된다.

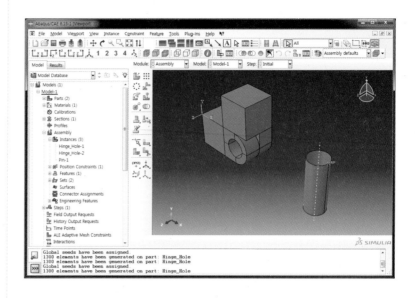

74

Constraint의 Parallel Face를 선택한다.

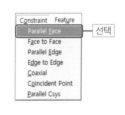

75

그림과 같이 차례로 Face를 선택하고
OK를 클릭한다.

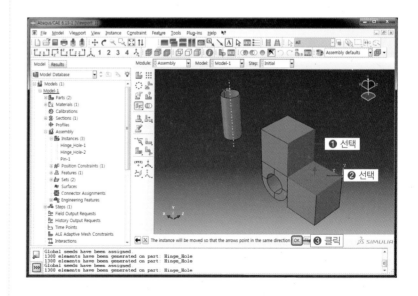

76

그림과 같이 선택한 Face가 평행하게
된다.

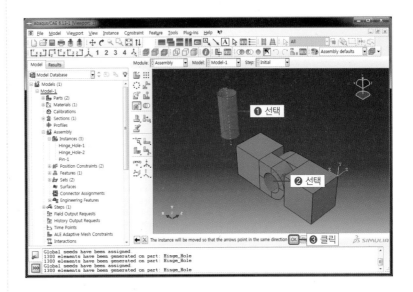

77

Constraint의 Coaxial을 선택한다.

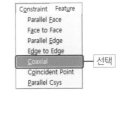

78

그림과 같이 차례로 Face를 선택하고
OK를 클릭한다.

79

그림과 같이 Pin과 Hinge Hole의 중심
축이 구속된다.

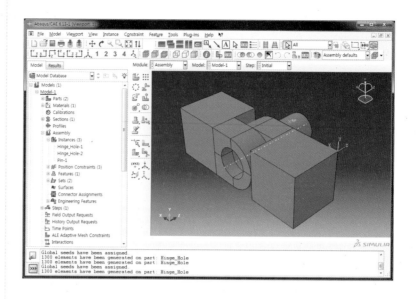

80

Instance의 Translate를 선택한다.

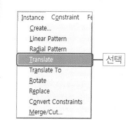

81

Pin을 선택하고 Done 버튼을 클릭한다.

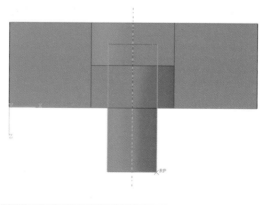

82

Default 상태에서 마우스 휠 버튼을 클릭한다.

83

좌표 0, 0, -20을 입력한 후 마우스 휠 버튼을 클릭한다.

84

Prompt area에서 OK 버튼을 클릭하면, Pin이 중앙으로 Translate된다.

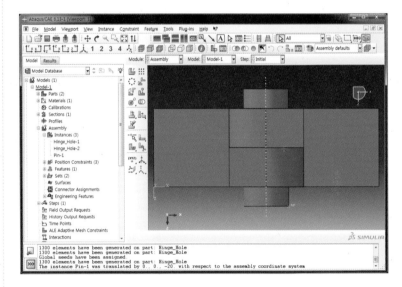

85

Model Tree의 Steps에서 마우스 오른쪽 버튼을 클릭한 후 Create를 클릭한다.

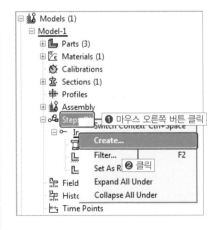

86

나타난 Create Step 창에서 Name에
Contact를 입력한다. Procedure Type
: General의 Static, General로 선택하
고 Continue 버튼을 클릭한다.

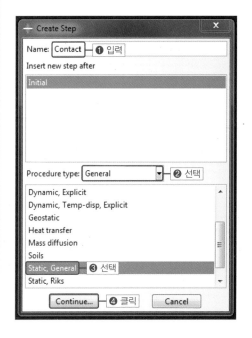

87

나타나는 Edit Step 창의 Basic 탭에서
Description에 Hinge_Assembly를 입력
한다.
Time Period Field에 1을 입력하고
Nlgeom에 On을 선택한다.

알·고·가·기

• **Time period field** : 전체 해석 시간을 의미한다.
• **Nlgeom 옵션** : Nonlinear geometry로서 큰 변형의 비선형 효과를 고려함과 동시에 그 결과가 다음 과정에 영향을 주는 해석에 사용한다.

88

Incrementation Tab을 선택하고, Increment size의 Initial Field에는 0.01을 입력하고 OK 버튼을 클릭한다.

알 고 가 기

• Maximum number of increment : 최대 증분량
• Initial : 초기 증분값
• Minimum : 최소 증분값(증분값이 최소값보다 작게 되면 해석이 중지된다.)
• Maximum : 최대 증분값(증분값이 최대값보다 커지지 않는다.)

89

Model Tree에서 그림과 같이 Hinge_Hole-1, Hinge_Hole-2을 다중선택하고, 마우스 오른쪽 버튼을 클릭하여 메뉴에서 Hide를 선택한다.(메뉴의 Hide, Show 명령을 통하여 Viewport에 선택적으로 Instance를 나타낼 수 있다.)

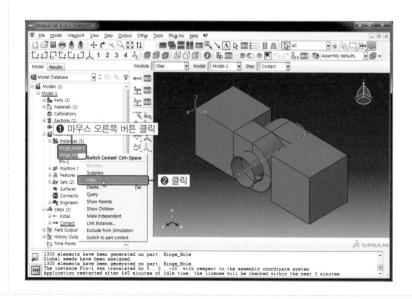

90

Module이 Assembly로 변경되고, 다음
과 같이 Pin−1만 보인다.

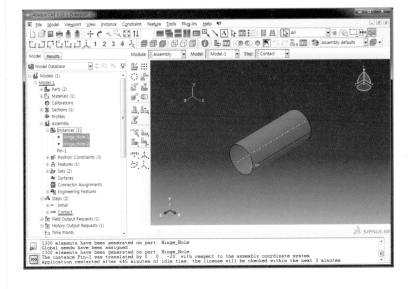

91

Model의 Part들 간의 접촉영역을 정
의하기 위해 Model Tree〉Assembly
〉Surfaces에서 마우스 오른쪽 버튼 클
릭(혹은 더블클릭)하여 Create를 선택
한다.

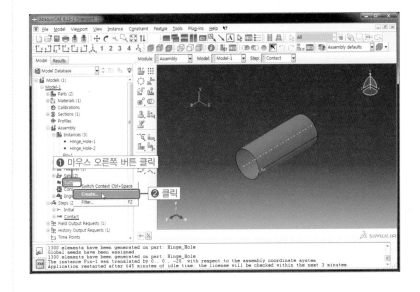

92

Create Surface Dialog 창의 Name Field
에 Pin을 입력한다. Type : Geometry
를 체크하고 Continue 버튼을 클릭
한다.

93

그림과 같이 Viewport에서 Pin을 선택하고 Done 버튼을 클릭한다.

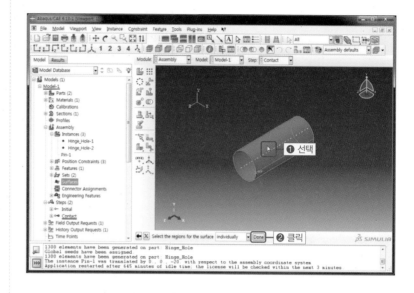

94

Prompt Area에서 Brown을 선택한다.
(Brown은 Pin의 바깥쪽 Surface를 나타내고 Purple는 Pin의 안쪽 Surface를 나타낸다.)

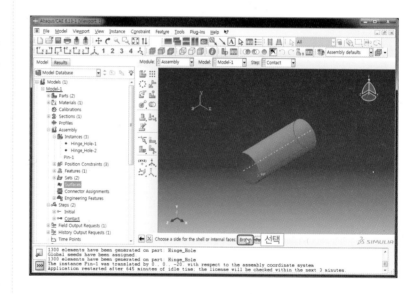

95

Surfaces에 Pin이 추가된다.

96

Model Tree의 Hinge_Hole-1에서 마우스 오른쪽 버튼을 눌러 Show를 선택한다.

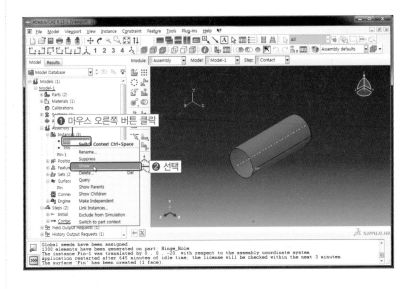

97

Hinge_Hole-1만 Viewport에 나타난다.

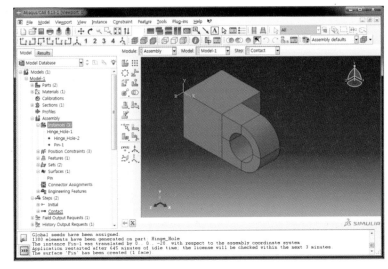

98

Hinge_Hole-1이 나타난다. Pin-1은 Hide한다.

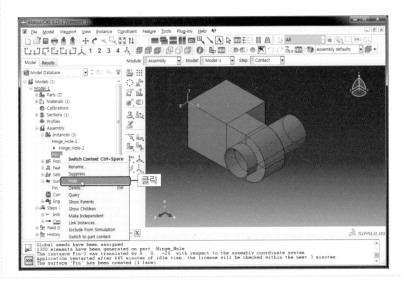

99

Model Tree〉Assembly의 Surfaces에
서 마우스 오른쪽 버튼을 클릭한다.
Create를 선택한다.

100

Create Surface Dialog Box의 Name
Field에 Hinge_Hole-1_Lateral을 입력
하고 Continue 버튼을 클릭한다.

101

Viewport에서 Hinge_Hole-1이 Hinge_
Hole-2와 접촉하는 Surface 영역을 다
중 선택하고 Done을 클릭한다.

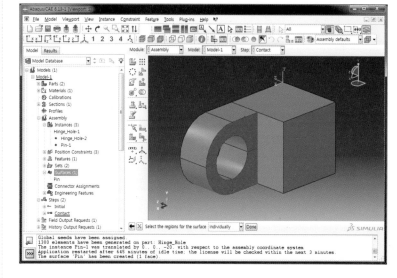

 Tip ◆
• 다중 선택 : Shift Key + 선택
• 선택 해제 : Ctrl Key + 선택

102

Model Tree의 Surfaces (2)에 Hinge_
Hole−1_Lateral이 추가된다.

103

동일한 방법으로 Pin과 접촉하게 될
내부를 다중 선택하고 Surfaces를 생성
한다. Name은 Hinge_Hole−1_Hole로
입력한다.

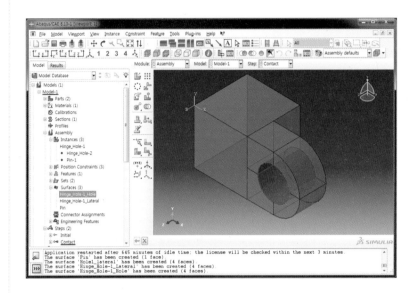

104

Hinge_Hole−2만 Show하여 Surfaces
를 생성한다. Name은 Hinge_Hole−
2_Lateral로 입력한다.

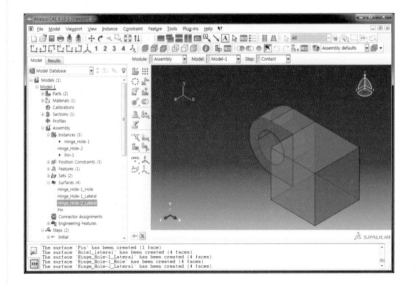

105

Hinge_Hole−2만 Show하여 Surfaces를
생성한다. Name은 Hinge_Hole−2_
Hole로 입력한다.

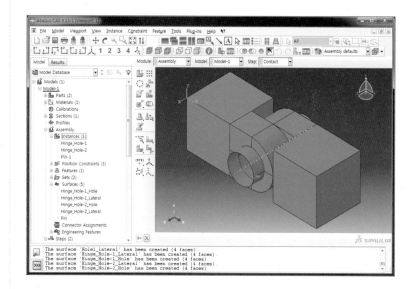

106

Model Tree에서 Instance 모두 Show
한다.

107

Model Tree에서 Interaction Properties
를 더블클릭한다.

108

Create Interaction Property 창의 Name
에 Nofric을 입력한다. Type에 Contact
를 선택하고 Continue 버튼을 클릭
한다.

109

Edit Contact Property 창의 Mechanical〉
Tangential Behavior를 선택한다.

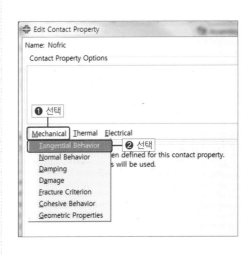

110

Friction Formulation에 Penalty를 선택
한다. Friction Coeff에 0.3을 입력하고
OK 버튼을 클릭한다.

111

Model tree에서 Interaction을 더블클
릭한다.

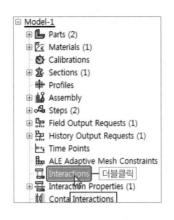

112

Create Interaction 창에서 Name :
Hole-1_And_Pin을 입력하고 Step :
Initial을 선택한다. Type for Selected
Step : Surface-to-surface Contact를
선택하고 Continue를 클릭한다.

113

Prompt Area에서 Surfaces 버튼을 클
릭한다.

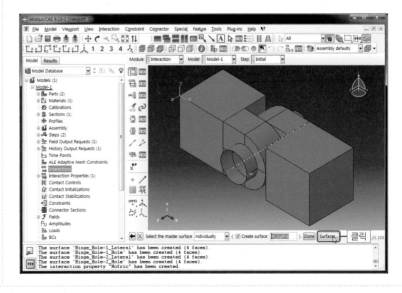

114

Region Selection 창에 앞서 생성한 Surface들이 나타난다.

115

Region Selection 창의 Pin을 선택한다. 아래의 Highlight 옵션을 체크하여 해당 Surface를 확인하고 Continue를 클릭한다.

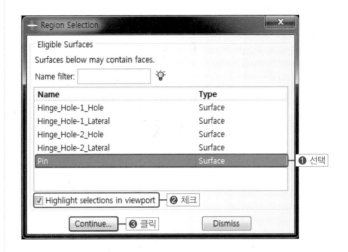

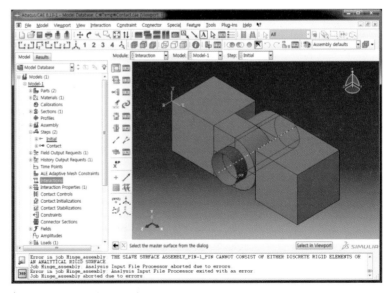

116

Prompt Area에 Surfaces를 클릭한다.

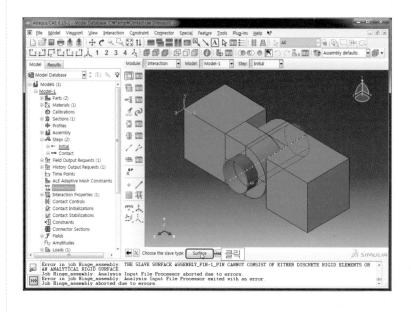

117

Region Selection 창의 Hinge_Hole−
1_Hole을 선택한다. 해당 Surface를
확인하고 Continue를 클릭한다.

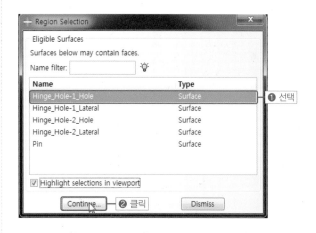

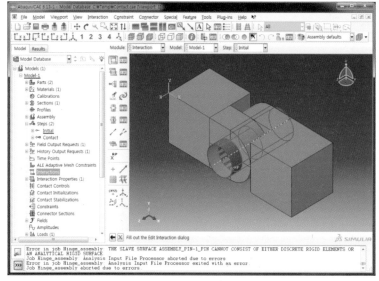

118

Edit Interaction 창에서 Discretization
Method : Node to surface를 선택하고
OK를 클릭한다. Master Surface : Pin,
Slave Surface : Hinge_Hole-1_Hole

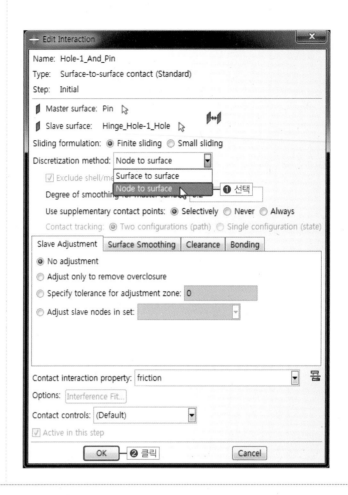

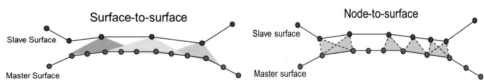

알 고 가 기

Surface-to-surface   Node-to-surface

Slave Surface   Slave surface

Master Surface   Master surface

119

Model Tree의 Interactions에 Hole-1_
And_Pin이 생성된다.

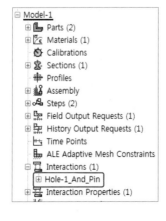

120

Model Tree에서 Interactions (1)을 더
블클릭한다.

121

나타나는 Name : Hole-2_And_Pin
이라고 입력하고 Surface to Surface
Contact을 선택하고 Continue를 클릭
한다.

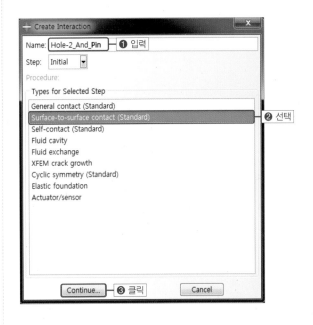

122

Prompt Area에서 Surfaces를 선택한다.

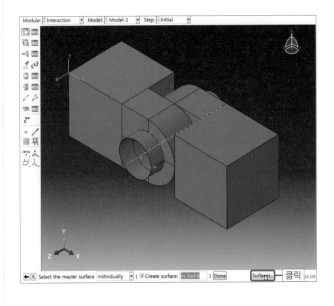

123

Pin선택하고 Continue를 클릭한다.

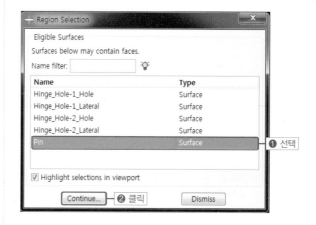

124

Prompt Area에 Surfaces를 클릭한다.

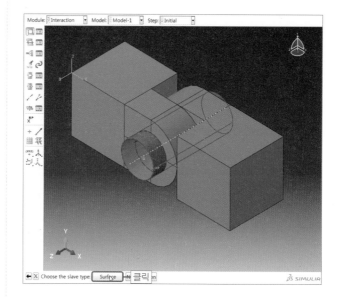

125

Hinge_Hole-2_Hole선택하고 Con-
tinue를 클릭한다.

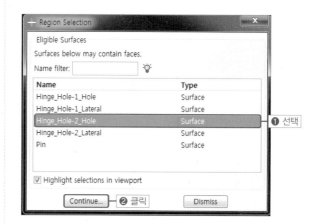

126

Pin과 Hole사이에 Contact이 Preview
된다.

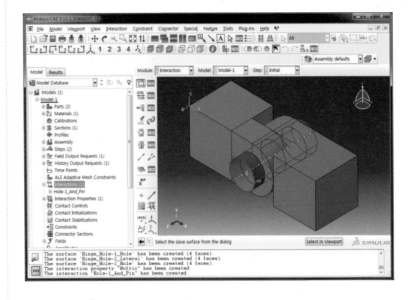

127

Edit Interaction 창에서 Method :
Node to surface를 선택하고 OK를 클
릭한다. Master Surface : Pin, Slave
Surface : Hinge_Hole-2_Hole

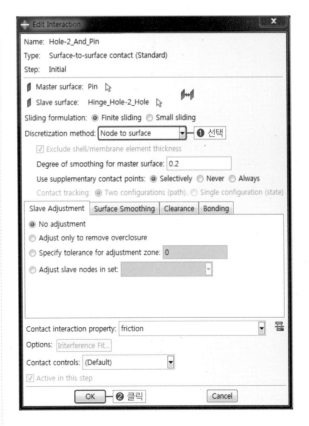

128

Model Tree에서 Interaction (2)을 더블
클릭한다.

129

나타나는 Name : Hole-1_And_
Hole-2를 입력하고 Surface to Surface
Contact을 선택하고 Continue를 클릭
한다.

130

Prompt Area에서 Surfaces를 선택한다.

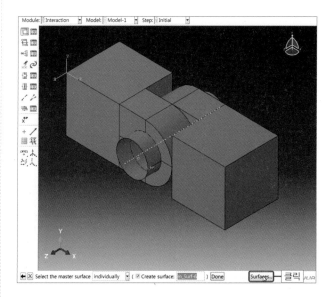

131

Hinge_Hole-1_Lateral을 선택하고
Continue를 클릭한다.

132

Prompt Area에 Surfaces를 클릭한다.

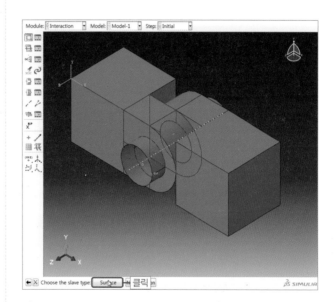

133

Hinge_Hole-2_Lateral 선택하고 Con
tinue를 클릭한다.

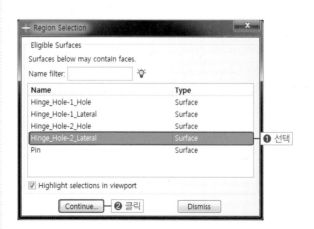

134

Edit Interaction 창에서 Method :
Surface to surface를 선택하고 OK를
클릭한다.

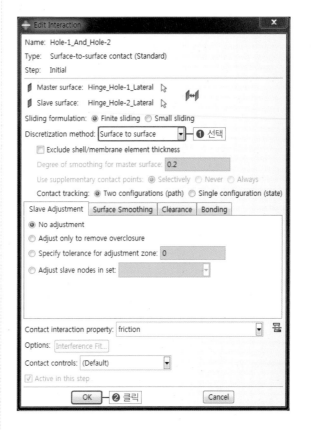

135

그림과 같이 Hinge Assembly의 측면
에 접촉 조건이 생성된다.

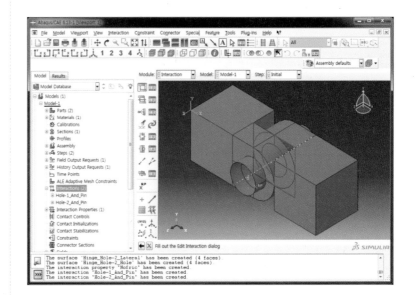

136

Model Tree에 각각의 Interaction을 확
인한다. Interaction의 편집을 위해서
해당 Interaction을 더블클릭하여 수정
할 수 있다.

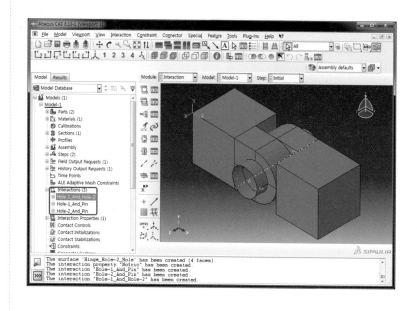

137

Assembly에 Boundary Conditions를
지정하기 위해 Model Tree의 BCs를
더블클릭한다.

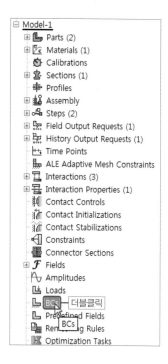

138

Create Boundary Condition 창에서
Name : Fixed, Displacement/Rotation
을 선택하고 Continue 버튼을 클릭한다.

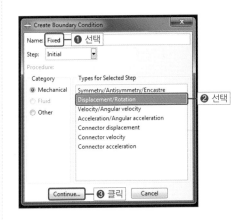

139

Viewport에서 Fix될 Hinge_Hole-2의
면을 그림과 같이 선택한다.

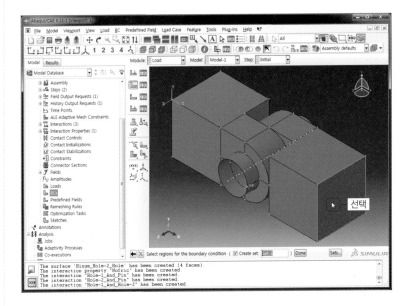

140

Prompt Area에서 Done을 클릭한다.

141

Edit Boundary Condition 창에서 U1,
U2, U3에 Check On하고 OK 버튼을
클릭한다.

142

Viewport에서 구속 조건이 부여된 것을
확인할 수 있다.

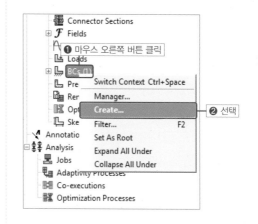

143

Model Tree〉BCs (1)에서 마우스 오
른쪽 버튼을 클릭한 후 나타난 창에서
Create를 선택한다.

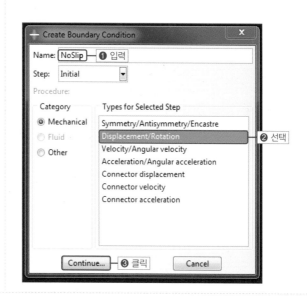

144

Create Boundary Condition 창에서
Name : NoSlip을 입력하고 Displace
ment/Rotation을 선택한 후 Continue
를 클릭한다.

145

Viewport에서 그림의 RP를 선택하고
Done을 클릭한다.

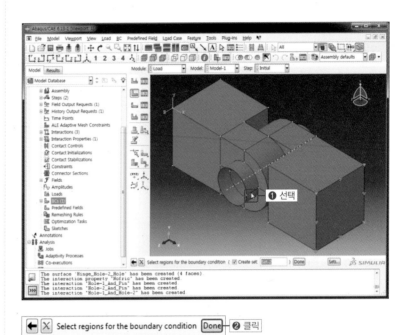

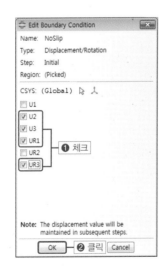

146

Edit Boundary Condition Dialog Box
에서 U2, U3, UR1, UR3에 Check On
하고 OK를 클릭한다.

147

Viewport에서 구속 조건이 부여된 것
을 확인할 수 있다.

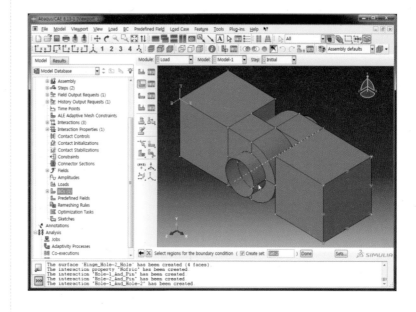

148

하중조건을 부여하기 위해 Model Tree
에서 Loads를 더블클릭한다.

149

Create Load 창에서 Name : Pressure,
Step : Contact을 선택한다.

150

Type : Pressure를 선택하고 Continue
버튼을 클릭한다.

151

Viewport에서 Hinge_Hole-1의 면을
선택하고 Prompt Area에서 Done 버튼
을 클릭한다.

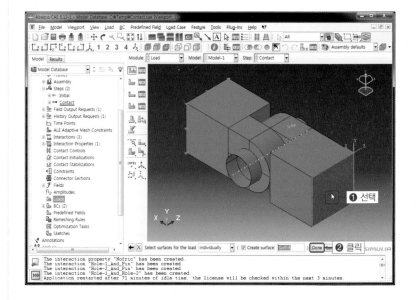

152

Edit Load 창에서 Distribution의 Uni form을 선택하고 Magnitude Field에 −1을 입력하고 OK 버튼을 클릭한다.

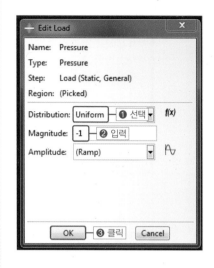

153

다음 그림과 같이 하중 조건이 부여된 것을 확인할 수 있다.

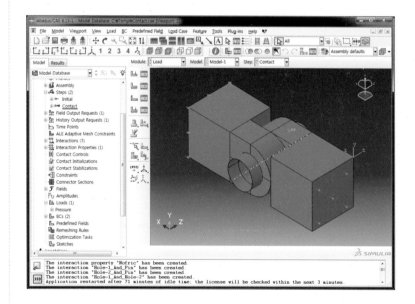

154

Model Tree의 Jobs에서 마우스 오른 쪽버튼을 클릭한 후 나타난 창에서 Create를 선택한다.

155

Create Job 창에서 Name : Hinge_
Assembly를 입력하고 Continue 버튼
을 클릭한다.

156

Edit Job 창의 Description에 Hinge_
Assembly를 입력하고 OK를 클릭한다.

157

Model Tree의 Job Name에서 마우스
오른쪽 버튼을 클릭하고, 나타난 창에
서 Submit를 선택하여 해석을 수행
한다.

148

Model Tree>Job Name에서 마우스 오
른쪽 버튼을 클릭하여 나타난 창에서
Monitor를 선택하여 진행과정을 확인
한다.

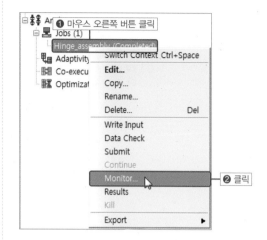

149

해석이 완료(Complete) 되었다면 Model Tree >Job Name >Hinge_ Assembly에서 마우스 오른쪽 버튼을 클릭하여 메뉴 창에서 Results를 선택한다.

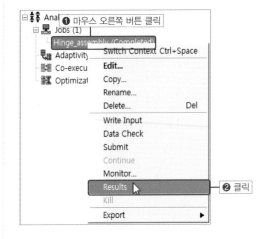

150

Visualization Module로 변경되며 Plot Contours 아이콘을 선택하여 결과를 확인할 수 있다. Deformed Shape 아이콘(⬛)을 클릭한다.

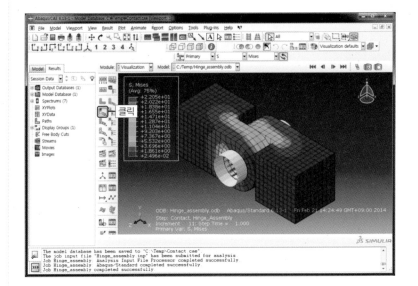

CHAPTER

04

Mesh
Generation &
Geometry Edit

BRIEF SUMMARY

Mesh 작업은 개수나 Quality에 따라 결과가 달라질 수 있기 때문에 매우 중요하며 경우에 따라 효율적인 모델링을 위해 Geometry의 수정이 필요할 수 있다. 이 장에서는 몇 가지 예제를 통해 Geometry를 수정하는 방법과 Mesh 작업에 필요한 여러 기능들을 살펴보고 효율적인 유한요소모델링에 대한 방법을 학습한다.

CHAPTER
•••
PREVIEW

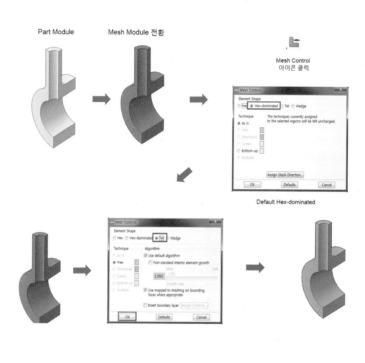

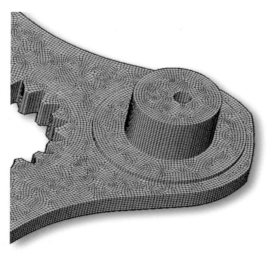

CHAPTER

04

Mesh Generation & Geometry Edit

■ ■ **시작파일** : Example_File → Ch04_Mesh_Generation → Start

■ ■ **완료파일** : Example_File → Ch04_Mesh_Generation → Complete

 Mesh Generation_Pistion

01

Piston.cae 파일을 Open한다.

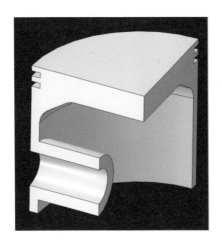

02

Mesh Module로 전환한다.

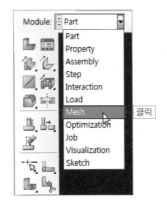

03

Hex Mesh가 불가능하다는 의미로 파트의 색이 갈색으로 변한다.

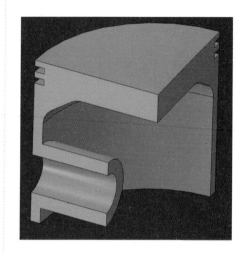

04

Partition Face : sketch 아이콘(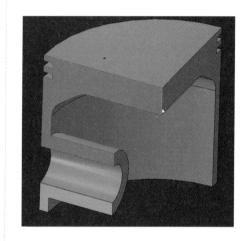)을 클릭하고 다음 그림의 붉은색 Face를 선택한 후 Done을 클릭한다.

05

Sketch 면의 수직 축이 될 다음 그림의 Edge를 선택한다.
Prompt Area에서 Sketch의 H, V 방향을 설정할 수 있다.

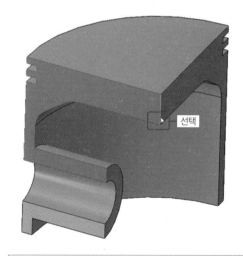

선택

← ✕ Select an edge or axis that will appear | vertical and on the right ▾

06

Create Lines 아이콘()을 클릭한다.
그림과 같이 Start point와 End Point를
선택하고 수직으로 Line을 생성한다.
Esc key를 눌러서 명령을 해제한다.

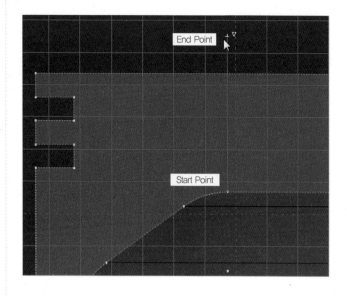

07

Prompt Area에서 Done을 눌러 Sketch
를 빠져나간다.

08

선택한 Face에 Partition Line이 생성
된다.

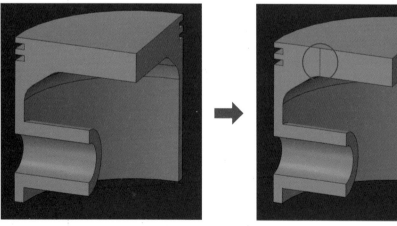

09

Partition Cell: Define Cutting Plane
아이콘()을 마우스로 길게 누르면
아이콘 바가 확장된다.

10

Partition Cell : Extrude/Sweep Edges 아이콘()을 선택하면 Prompt Area 에서 하나 혹은 이상에 edges를 선택 하라는 메시지가 나타난다.

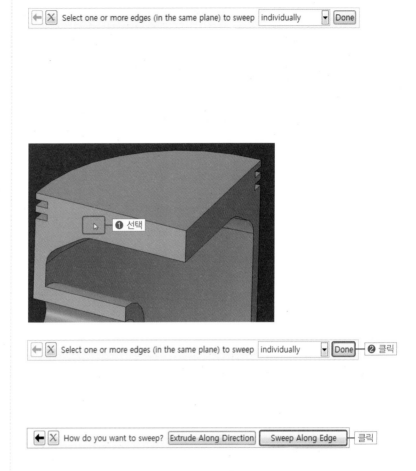

11

그림의 edge를 선택한 후 Prompt Area 에서 Done을 클릭한다.

12

Prompt Area에서 Sweep할 방법으로 Sweep Along Edge를 클릭한다.

13

다음 그림의 edge를 선택한다.

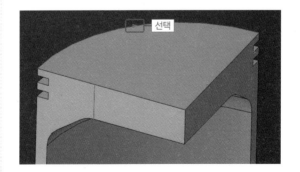

14

Prompt Area에서 Create Partition을 클릭한다. 다음 그림과 같이 Partition이 분할된다.

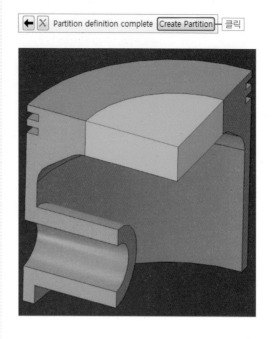

15

Partition Cell : Define Cutting Plane 아이콘(圖)을 클릭하고 그림의 Cell을 선택한 다음 Done을 클릭한다.

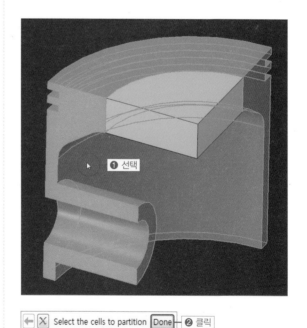

16

Prompt Area에서 Point & Normal을 클릭한다.

17

그림의 Point를 선택한다.

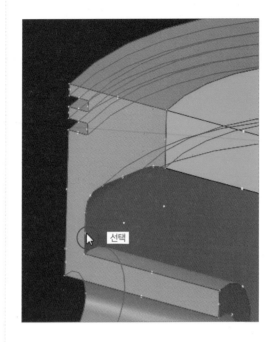

18

분할될 기준 축으로 그림의 edge를 선택
하고 Prompt Area에서 Create Partition
을 클릭한다.

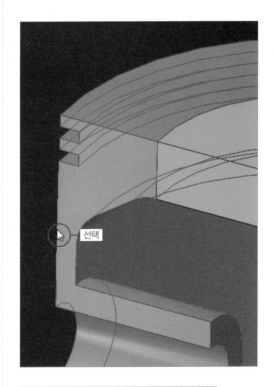

19

선택한 Point를 기준으로 Normal 방향
으로 Partition이 생성된다.

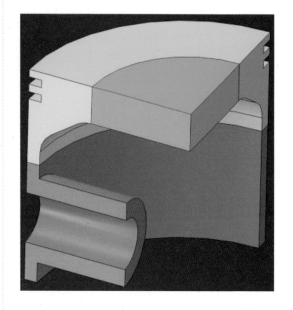

20

Partition Cell : Extend Face 아이콘
(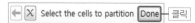)을 선택하고 Partition할 Cell을 다
음 그림과 같이 선택한 후 Done을 클
릭한다.

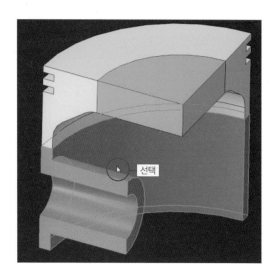

21

Extended될 face로 그림의 붉은색 Face를 선택한다.

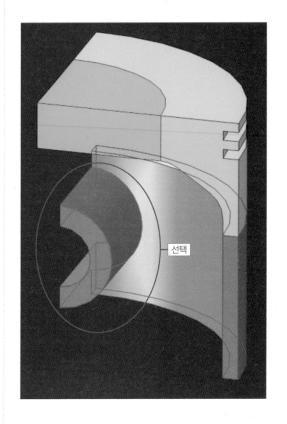

22

Prompt Area에서 Create Partition을 선택한다.

23

Extended Face를 기준으로 Cell의 Partition이 생성된다.

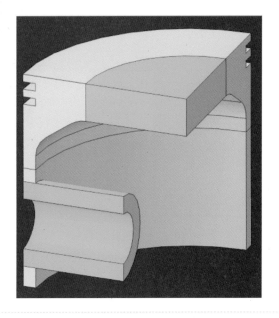

24

Create Seed 아이콘(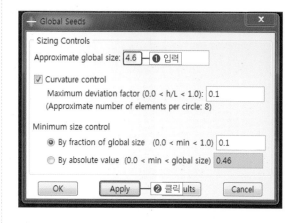)을 클릭하고
나타난 화면에 Approximate Global
size에 4.6을 입력하고 Apply를 클릭
한다.

25

Seed의 밀도가 미리보기 된다. OK를
클릭한다.

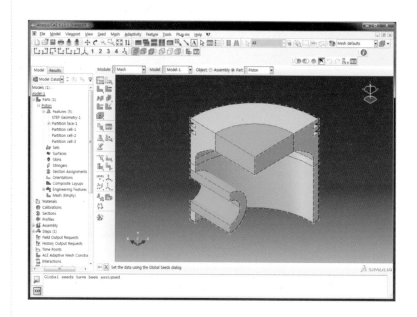

26

Mesh Part 아이콘()을 클릭하고
Prompt Area에서 Yes를 클릭한다.

27

그림과 같이 Hex mesh가 생성된다.

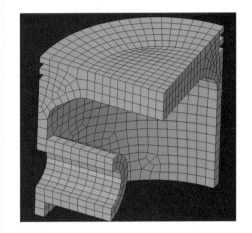

28

Delete Region Native Mesh 아이콘
()을 선택하고 그림과 같은 영역을
선택하고 Done을 클릭한다.

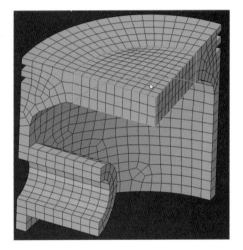

29

선택한 Region의 Mesh가 삭제된 것을
확인할 수 있다.

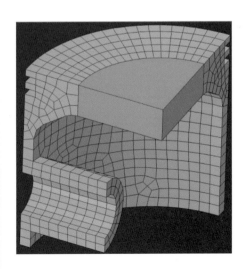

30

Assign Mesh Controls 아이콘()을
클릭하고 Mesh가 삭제된 영역을 선택
하여 Prompt Area에서 Done을 클릭
한다.

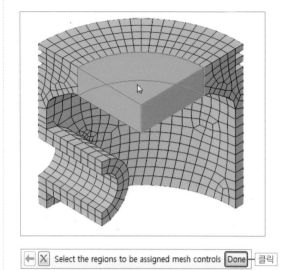

← X Select the regions to be assigned mesh controls [Done]─클릭

31

Mesh Controls 창에서 Hex-domi
nated, Medial axis를 선택하고 OK를
클릭한다.

32

Sweep Technique으로 Cell이 변경
된다.

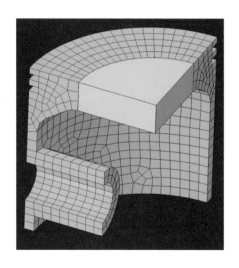

33

Mesh Region 아이콘(◤)을 선택하고 부분 Mesh를 적용할 영역을 그림과 같이 선택하고 Prompt Area에서 Done을 선택한다.

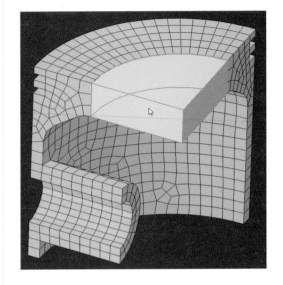

← X Select the regions to be meshed Done ─클릭

34

그림과 같이 요소가 생성된다.

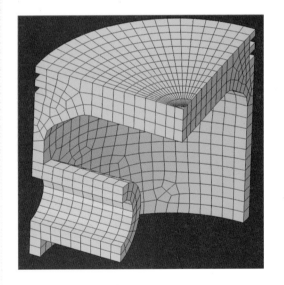

⑫ Mesh Generation_Pipecreep

01

Pipecreep.cae 파일을 Open한다.

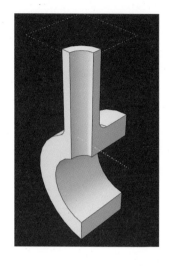

02

Module에서 Mesh로 전환한다.

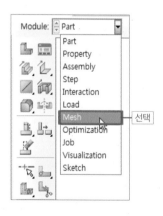

03

Toolbars에서 Color Code Dialog 아이콘(🔵)을 선택한다. Hex Mesh가 불가능하다는 의미로 파트의 색이 갈색으로 변한다.

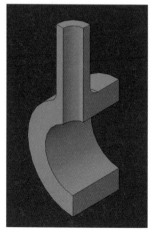

04

Partition Cell : Define Cutting Plane
아이콘(🖳)을 클릭하고 Prompt Area
에서 Point & Normal을 클릭한다.

05

그림의 Point를 선택한다.

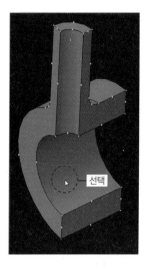

06

Prompt Area에 방향을 설정하라는 메
시지가 나타나면 그림처럼 Line을 선
택한다.

07

Prompt Area에서 Create Partition을 클
릭한다.

08

그림과 같이 Partition이 분할된다.

- Green : Structured Mesh

- Brown : Un-meshable

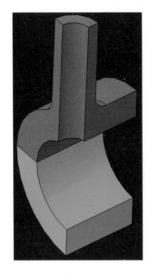

09

Partition Face : sketch 아이콘(🖾)을 클릭한다.

10

Partition Face로 그림의 면을 선택하고 Done을 클릭한다.

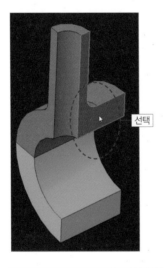

선택

클릭

11

Sketch 면에서 수직 축으로 그림의 Line
을 선택한다.

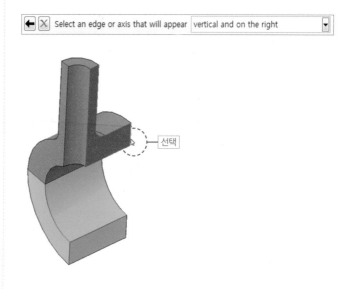

12

Sketch로 화면이 전환되면 Create
Lines 아이콘( )을 클릭하고 그림과
같이 노란색 Circle Point를 선택하고
수직으로 Line을 생성하고 Esc를 누
른다.

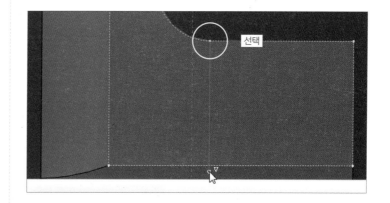

13

Create Lines 아이콘( )을 클릭하고
노란색 Circle Point를 선택한 후 수평
으로 Line을 생성한 다음 Esc를 누
른다.

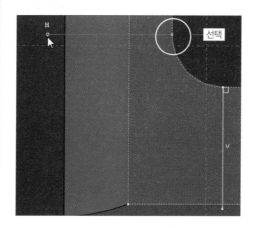

14

Prompt Area에서 Done을 선택한다.

15

그림과 같이 Face에 Partition이 분할
된다.

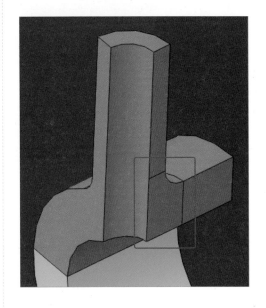

16

Partition Face : sketch 아이콘(⬛)을
클릭하고 그림과 같이 Partition할 Face
를 선택하고 Done을 클릭한다.

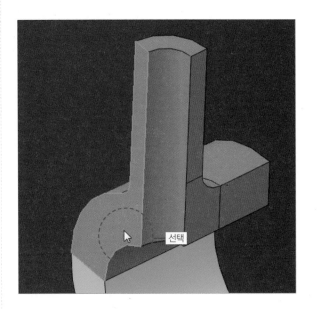

17

Sketch에서 수직이 될 Line을 선택한다.

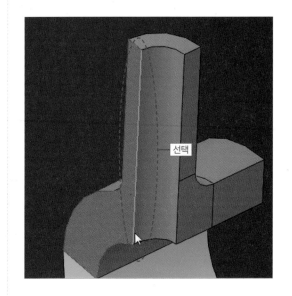

18

Sketch 화면으로 전환된 화면에서 Create Lines 아이콘(∿)을 클릭한다.

19

노란색 Circle 안의 Point로부터 수평인 Line을 생성하고 Esc를 누른다.

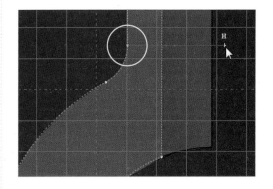

20

노란색 Circle 안의 Point로부터 그림과 같이 Line을 생성하고 Esc를 누른다. Prompt Area에서 Done을 클릭한다.

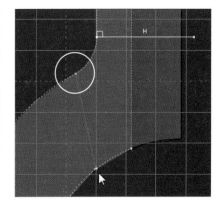

21

그림과 같이 Face에 Partition이 분할
된다.

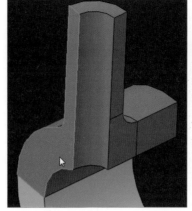

22

Partition Face : Use Curved Path
Normal To 2 Edges 아이콘(📐)을 클
릭하고 Prompt Area에서 Partition을
선택하라는 메시지가 나타나면 그림
과 같이 Face를 선택한다.

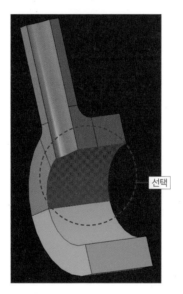

23

Prompt Area에서 Pick를 클릭한다.

24

그림의 Edge와 Point를 차례로 선택
한다.

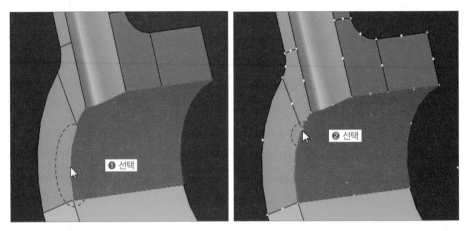

25

그림의 Edge와 Point를 차례로 선택
한다.

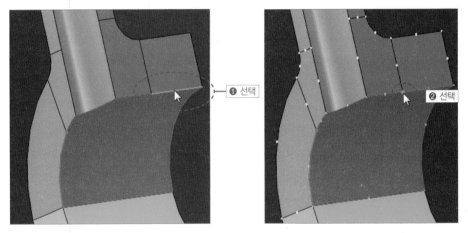

26

그림과 같이 Face Partition할 부위가
그래픽으로 나타난다.

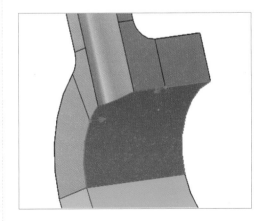

27

Prompt Area에서 Create Partition을 선택하면 그림과 같이 Face에 Partition이 생성된다.

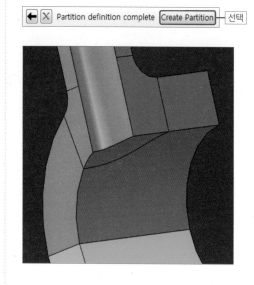

28

Partition Cell : Use N-side Patch 아이콘()을 클릭한다.

29

Partition을 분할할 Cell을 그림과 같이 선택한다.

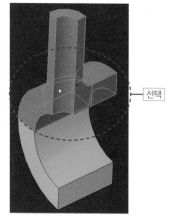

30

Prompt Area에서 Select Corner Points 를 클릭한다.

31

Prompt Area에서 4를 클릭한다.

32

그림과 Point 4곳을 차례로 선택한다.

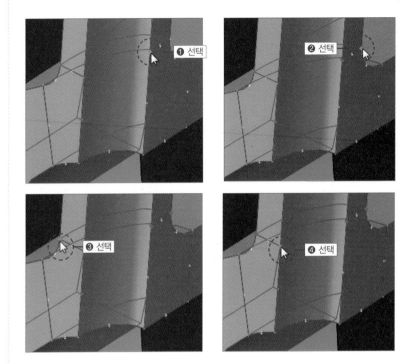

33

분할될 Face가 미리보기 된다.

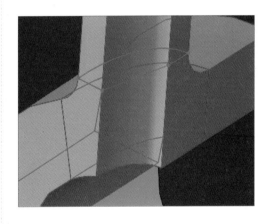

34

Prompt Area에서 Create Partition을 클릭한다.

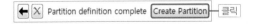

35

그림과 같이 Cell이 분할된다.

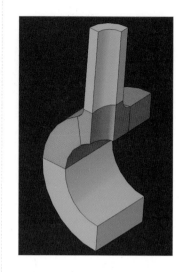

36

Partition Cell : Use N-Sided Patch 아
이콘(   )을 클릭하고 그림과 같이
Partition을 생성할 Cell을 선택한다.

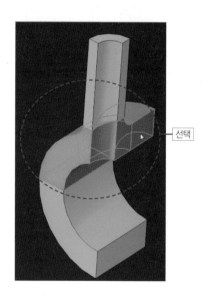

선택

37

Prompt Area에서 Select Edges를 클릭
한다.

How do you want to specify the N-sided patch? [Select Edges] 클릭 Corner Points

38

그림과 같이 Line을 선택한다.

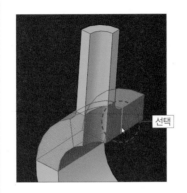

39

분할될 Face가 미리보기가 되면 Prompt Area에서 Create Partition을 클릭한다.

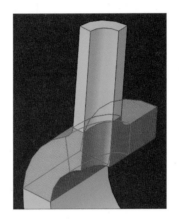

40

Structured mesh가 가능하도록 Partition이 생성된다.

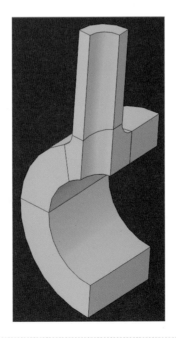

41

Create Seed 아이콘()을 클릭하고 Approximate Global size에 0.02를 입력한 후 Apply를 클릭한다.

42

파트에 Seed의 밀도가 미리보기 된다. OK를 클릭한다.

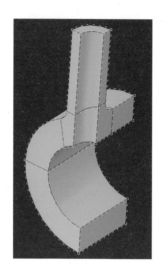

43

Mesh Part 아이콘(　)을 클릭하고 Prompt Area에서 Yes를 클릭한다.

44

그림과 같이 Hex mesh가 생성된 것을 확인할 수 있다.

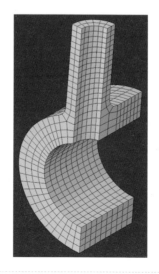

❸ Abaqus/CAE의 Mesh Generation

Abaqus/CAE에서는 top-down과 bottom-up 방식의 요소 방법론을 제공한다.

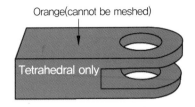

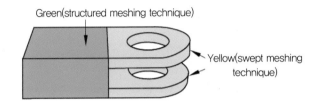

① Top-down

파트나 영역의 기하학적 형상을 바탕으로 요소를 생성한다.
주로 자동 요소를 생성할 때 사용하므로 복잡한 형상에서 높은 quality를 만들기는 어렵다.

- ▪ ⬛ Structured meshing
  - square, cube와 같은 일정한 형상
  - Hex, Hex-dominated
- ▪ ⬜ Swept meshing
  - 복잡한 형상이지만 Hex를 생성할 수 있는 경우
  - Quad, Quad-dominated, Hex, Hex-dominated, Wedge
- ▪ ⬛ Free meshing
  - 형상이 복잡하여 Hex 생성이 안 될 경우
  - Tri, Quad, Quad-dominated, Tet

② Bottom-up

2차원의 entities(Geometric faces, element faces, or two-dimensional element)로부터 3차원 요소를 생성하는 것

③ Element Shape

Module〉Assign Mesh Controls 아이콘
클릭

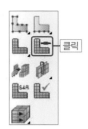

클릭

Abaqus/CAE에서는 다음과 같이 4가
지 Element Type을 제공한다.

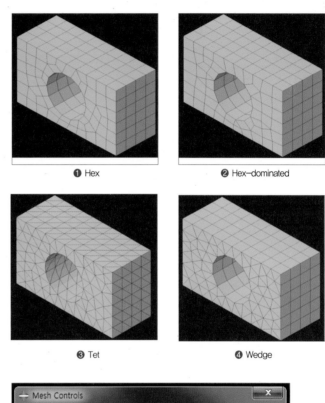

❶ Hex

❷ Hex-dominated

❸ Tet

❹ Wedge

04 Geometry Edit Option 사용하기

Abaqus/CAE 환경에서 요소를 생성하기 위해서는 Geometry Cleanup이 선행되어야 한다.
본 교재에서는 요소 생성 전 이를 용이하게 하기 위해 사용자가 Geometry를 원하는 대로 수정할 수 있는 몇 가지 방법을 소개한다.

01

CAD 데이터를 Import할 때 Stitch edge using tolerance은 떨어진 edge를 붙이는 기능을 제공한다.

Part Module 선택
Menu Bar〉File〉Import〉Part〉CAD 파일 선택

- Edge와 edge 간의 간격이 입력한 값보다 작을 때 두 edge를 붙이는 기능

- Stitch edge using tolerance를 Check한 경우

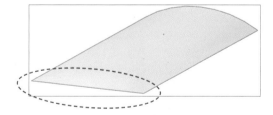

- Stitch edge using tolerance를 Check하지 않았거나 Edge 간의 간격이 입력한 값보다 큰 경우

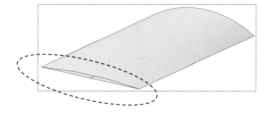

02

Menu bar〉Tools〉Geometry Edit〉
Category : Edge〉Method : Stitch

- Import 시의 Stitch 기능과 동일한 기능

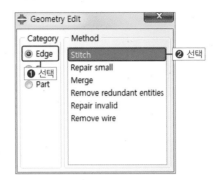

03

Menu bar〉Tools〉Geometry Edit〉
Category : Edge〉Method : Repair
small

- User의 판단 하에 부적절한 부분의 Edge의 경우 제거하여 형상 수정
  부적절한 Edge를 선택하고 Prompt Area에서 Done을 클릭한다.

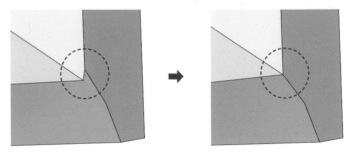

04

Menu bar〉Tools〉Geometry Edit〉
Category : Edge〉Method : Remove
redundant entities

▪ 불필요한 Vertex 및 Edge를 제거

불필요한 부분을 선택하고 Prompt Area에서 Done을 클릭한다.

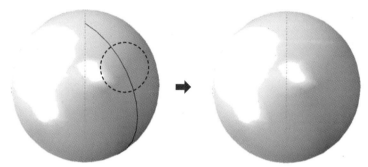

05

Menu bar〉Tools〉Geometry Edit〉
Category : Edge〉Method : Remove
wire

▪ Solid나 Shell의 Edge가 아닌 불필요한 Wire를 제거

제거할 Wire를 선택하고 Prompt Area에서 Done을 클릭한다.

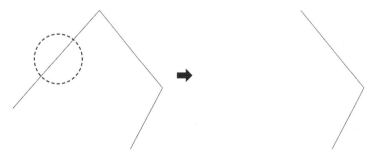

06

Menu bar〉Tools〉Geometry Edit〉
Category : Face〉Method : Remove

▪ 선택한 Face를 제거

Face를 선택하고 Prompt Area에서 Done을 클릭한다.

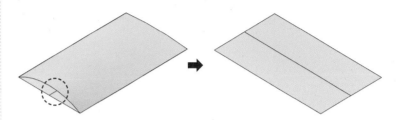

07

Menu bar〉Tools〉Geometry Edit〉
Category : Face〉Method : Cover
edges

▪ 연속적으로 연결되어 있는 Edge 내부에 Face를 생성

연속적인 Edge를 선택하고 Prompt Area에서 Done을 클릭한다.

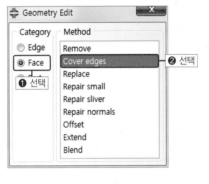

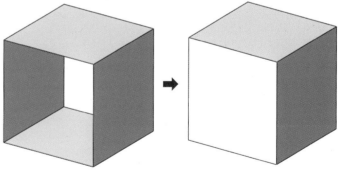

08

Menu bar〉Tools〉Geometry Edit〉
Category : Face〉Method : Replace

▪ 분할된 Surface를 하나의 Surface로 교체
　필요한 영역을 다중 선택한 후 Prompt Area에서 Done 클릭한다.

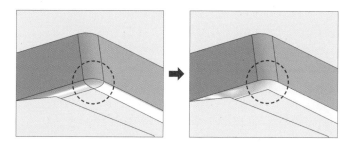

09

Menu bar〉Tools〉Geometry Edit〉
Category : Face〉Method : Repair
small

▪ 불필요한 작은 Surface를 제거하면서 인접한 Surface를 연결
　제거할 Surface를 선택하고 Prompt Area에서 Done을 클릭한다.

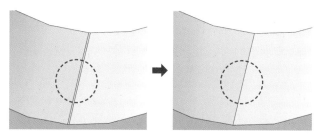

10

Menu bar〉Tools〉Geometry Edit〉
Category : Face〉Method : Repair
sliver

① Face를 선택한다.

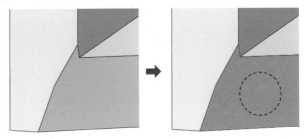

② 재생성할 Edge의 Point 2개를 차례로 선택한 후 done을 클릭한다.

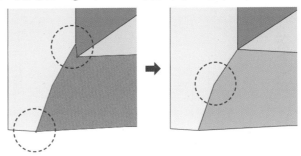

11

Menu bar〉Tools〉Geometry Edit〉
Category : Face〉Method : Repair
normals

▪ Entire Part를 선택한 경우 Part 내의 모든 Surface의 Normal 방향을 Flip

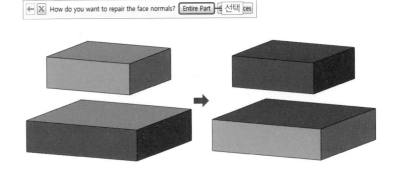

▪ Select Faces를 선택한 경우 User가 선택한 Surface의 Normal 방향을 Flip

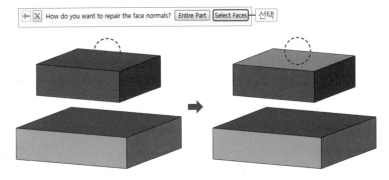

12

Menu bar〉Tools〉Geometry Edit〉
Category : Face〉Method : offset

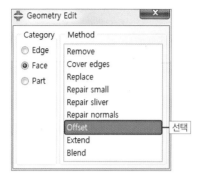

① Offset할 Face를 선택한다.

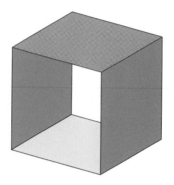

② Offset할 값을 입력한다.

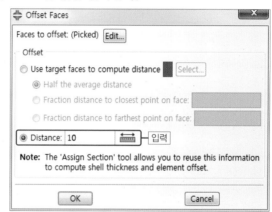

③ 선택한 Face에 normal 방향으로 Offset된다.

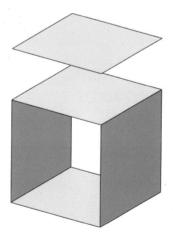

13

Menu bar〉Tools〉Geometry Edit〉
Category : Face〉Method : Extend

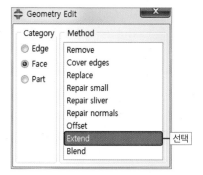

① Specity edges of faces to extend의 Select를 클릭한다.

② Face를 확장할 Edge를 선택한다.

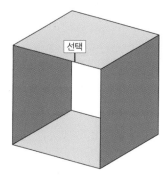

③ 확장할 값을 입력한다.

④ Face의 평행한 방향으로 Extend된다.

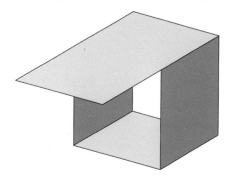

14

Menu bar〉Tools〉Geometry Edit〉
Category : Face〉Method : Blend

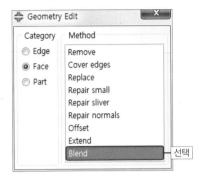

① Blend할 첫 번째 Edge를 선택한 후 두 번째 Edge를 선택한다.

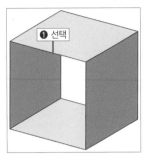 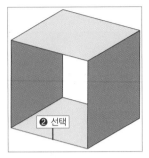

② Tangent를 선택 시 곡면 생성

 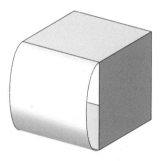

③ Shortest path를 선택 시 평면 생성

15

Menu bar〉Tools〉Geometry Edit〉
Category : Part〉Method : Covert to
analytical

▪ Convert to analytical은 Geometry를 해석적으로 나타낼 수 있는 간
단한 형태로 Abaqus 내부적으로 변경한다.

▪ 장점
 • Part의 처리 속도가 더 빨라진다.
 • 변환되었을 때 Extrude와 같은 기능을 사용할 수 있다.
 • Geometry가 개선된다. 만약 Stitch 작업이 필요한 경우 Convert to
  analytical 작업 이전에 비하여 Stitch될 확률이 높아진다.

16

Menu bar〉Tools〉Geometry Edit〉
Category : Part〉Method : Covert to
precise

▪ Convert to precise는 Geometry의 정밀도를 개선하는 두 가지 방법
을 제공한다.

▪ 특징은 다음과 같다.
 • Tighten Gaps는 모델의 face, edge, vertax에 대한 정밀도 개선을
  시도한다. 이 방법은 상대적으로 빠르지만 Geometry에 대하여 전
  체적으로 수행하지는 않는다.
 • Recompute Geometry는 Tighten Gaps에 비해 더 정확하게
  Geometry를 개선시키나 시간이 오래 걸리고 형상의 복잡성이 높
  아질 수 있다.
 • 따라서 가능한 CAD tool에서 형상의 정밀도를 높이는 것을 추천
  한다.

MEMO

CHAPTER **05**

Post-processing

■ BRIEF SUMMARY

고급 기능들과 그에 따르는 정확한 조건의 설정은 중요한 부분이지만 해석 결과를 분석하고 정확한 report를 하는 것 또한 중요하다.

Abaqus에서는 Abaqus/Viewer를 통해 결과를 확인하고 분석할 수 있다. 이 장에서는 해석결과에서 필요한 연산을 내장된 기능을 이용하여 수행하고, 그래프를 Plot하는 데 사용할 수 있는 여러 기능들을 실습을 통해 익힌다.

CHAPTER
●●●
PREVIEW

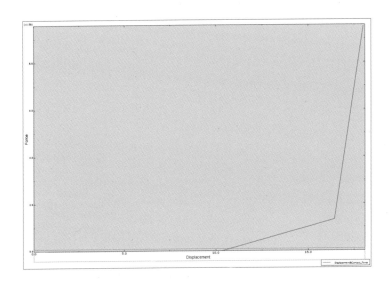

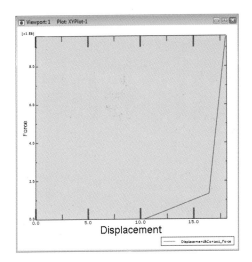

CHAPTER

05

Post-processing

■ ■ 파일경로 : Example_File → Ch05_Post-processing → Start → Engine_Mount.odb

01

Results Tree에서 Output Database를
더블클릭하여 Engine_Mount.odb 파
일을 open한다.

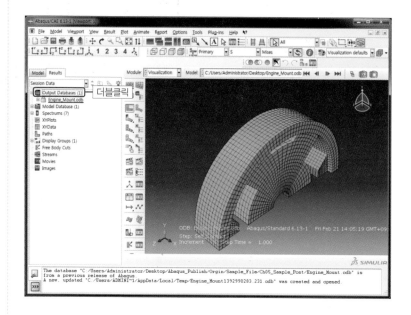

02

Model Tree에서 XYData를 더블클릭
한다.

03

나타나는 Create XY Data에서 ODB field output을 선택하고 Continue를 클릭한다.

04

나타나는 XY Data from ODB Field Output 창에서 Stress〉Mises를 선택한다.

05

Position : Unique Nodal을 선택한다.

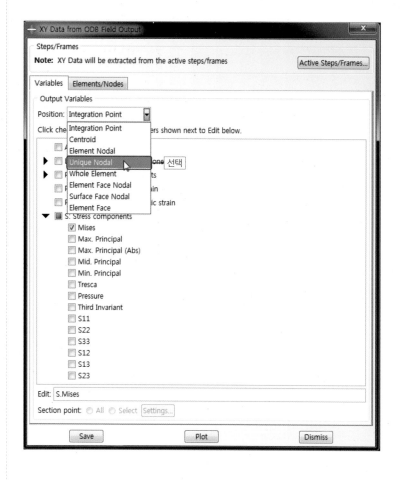

06

Elements/Nodes 탭을 선택한다.

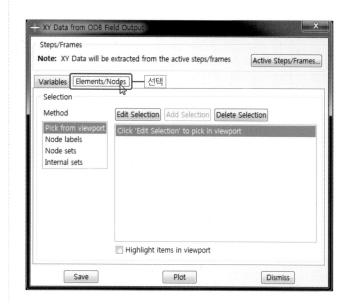

07

Selection〉Pick from viewport를 선택
하고 Edit Selection을 클릭한다.

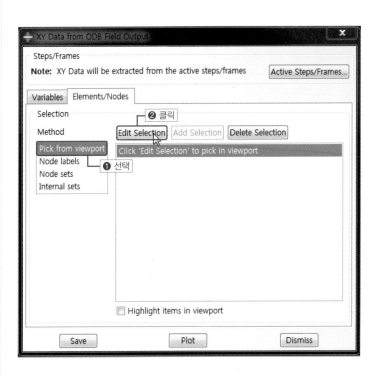

08

특정 node Point를 선택한다. Prompt
Area에서 Done을 클릭한다.

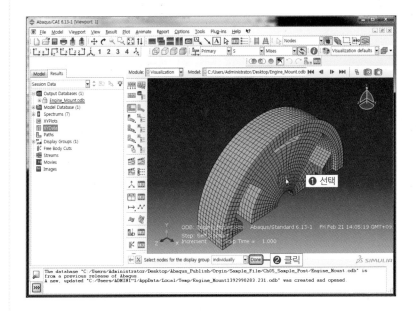

09

선택한 node Point가 아래와 같이 선
택된다. Plot을 클릭한다.

10

선택한 node Point에 대한 Plot이 나타
난다.

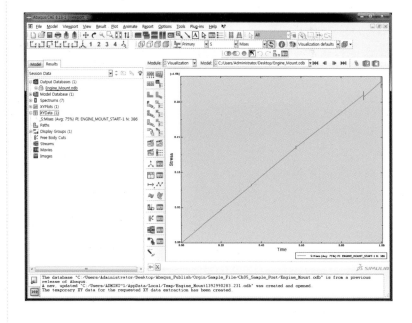

11

Results Tree에서 Output Database의
⊞를 선택하여 Tree를 확장한다.

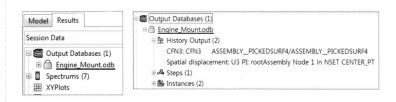

12

History Output〉CFN3에서 마우스 오른쪽 버튼을 누르고 Save As를 클릭한다.

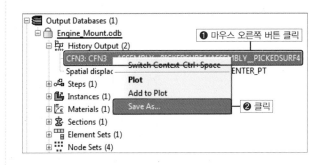

13

Name에 "Contact_Force"라고 입력한다. Save Operation에서 as is를 선택하고 OK를 클릭한다.

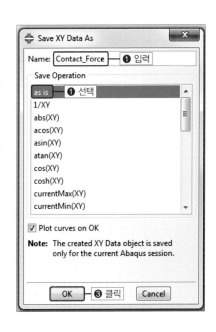

14

History Output〉U3에서 마우스 오른쪽 버튼을 누르고 Save As를 클릭한다.

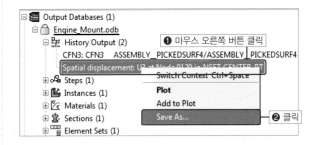

15

Name에 "Displacement"라고 입력한
다. Save Operation에서 as is를 선택하
고 OK를 클릭한다.

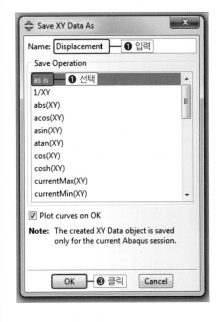

16

Results Tree〉XY Data에 Contact_
Force와 Displacement가 추가된다.

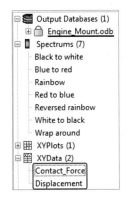

17

Results Tree〉XY Data에서 마우스 오
른쪽 버튼을 누르고 Create를 클릭한다.

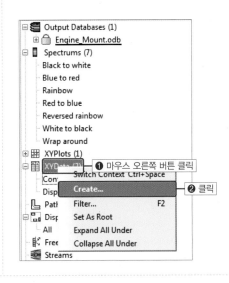

18

Create XY Data에서 Operate on XY data를 선택하고 Continue를 클릭한다.

19

Operate on XY Data 창에 "Contact_Force와 Displacement가 등록되어 나타난다.

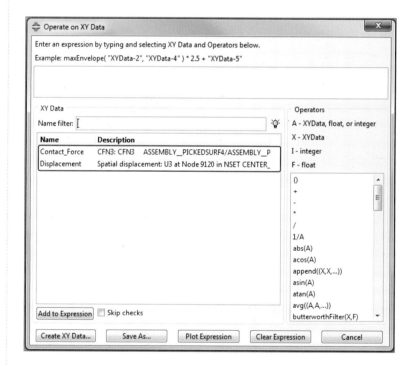

20

Opreators 메뉴 안에서 combine(X,X)
을 선택한다. Syntax 창 안에 등록된
것을 확인할 수 있다.

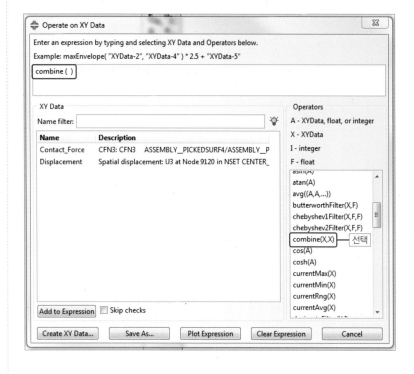

21

Opreators 메뉴 안에서 abs(A)을 선택
한다. Syntax 창 안에 등록된 것을 확
인할 수 있다.(Output 값의 절대값을
취함)

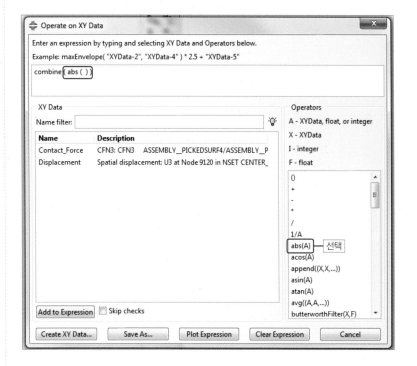

22

XY Data 창에서 Displacement를 더블클릭한다. Syntax 창 안에 등록된 것을 확인할 수 있다.

23

Operators의 마지막 문장에 쉼표를 넣는다.

combine (abs ("Displacement")

24

Operators 메뉴 안에서 abs(A)을 선택한다.

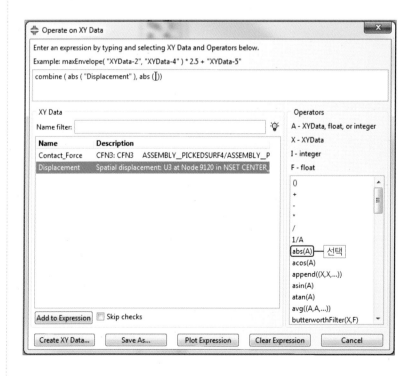

25

XY Data에서 Contact_Force를 더블클릭한다.

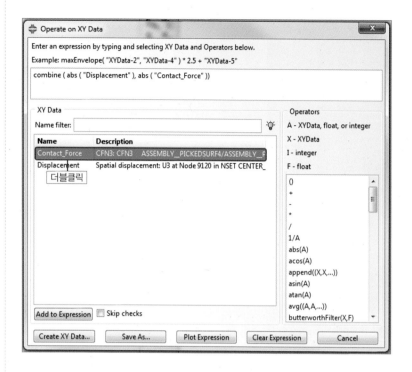

26

Syntax 창 안에 Operators를 확인한다.

combine (abs ("Displacement"), abs ("Contact_Force"))

27

Plot Expression를 클릭한다.

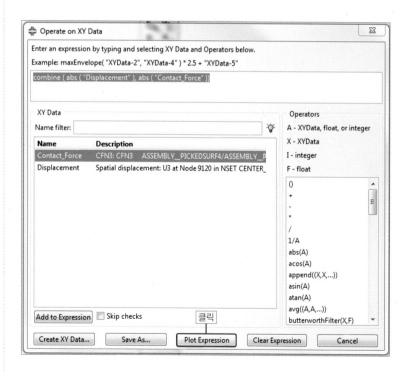

28

오른쪽과 같이 Plot된다.

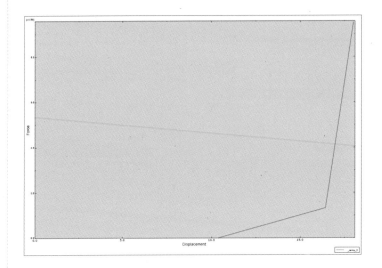

29

XY Data 탭에서 임시로 저장된 _temp_
3을 선택하고 Save As를 클릭한다.

30

이름을 Displacement&Contact_Force
로 입력하고 OK를 클릭한다.

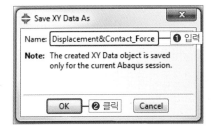

31

Operate on XY Data 창에서 Cancel 클릭하고 창을 닫는다.

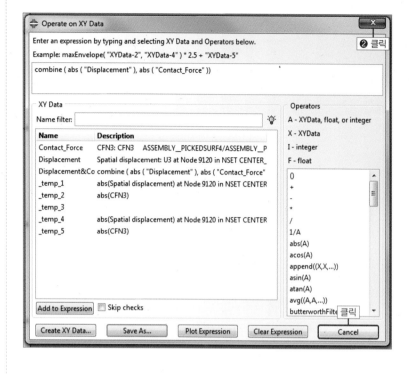

32

Result Tree에서 불필요한 XY Data는 삭제한다.

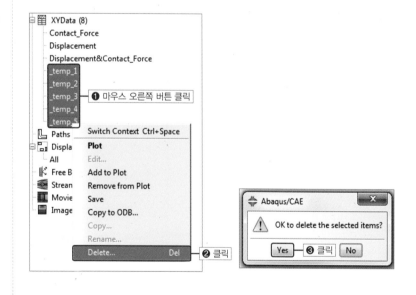

33

Result Tree에서 Displacement&Contact_Force를 더블클릭한다.

34

다음과 같이 그래프가 생성된다.

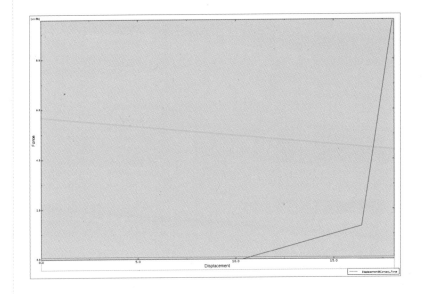

35

XY Axis Option 아이콘(⟼)을 선택
한다.

36

Axis Option 창에서 X Axis를 선택한다.

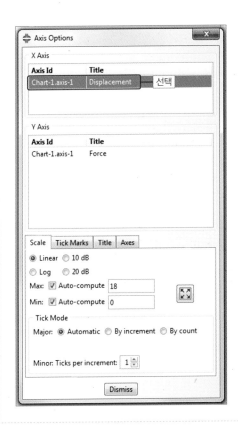

37

그래프 하단의 X Axis에 대한 설정을
변경할 수 있다.

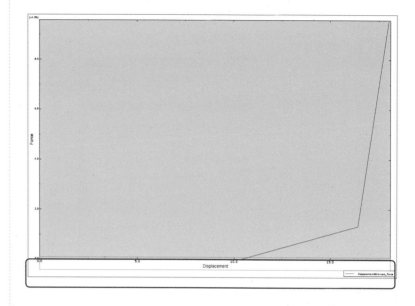

38

Y Axis Option 변경

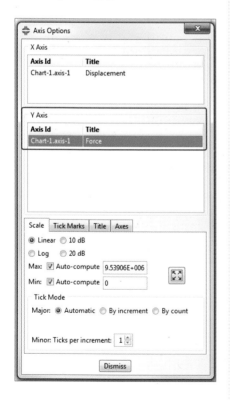

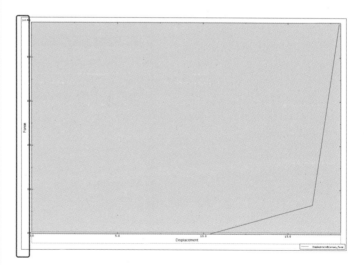

39

Scale 탭의 Max와 Min에서 X Axis 값에 대한 범위를 지정할 수 있다. Data 중에서 최대 · 최소 값이 자동적으로 들어오지만 값을 입력하여 사용자가 임의의 범위를 지정할 수도 있다.

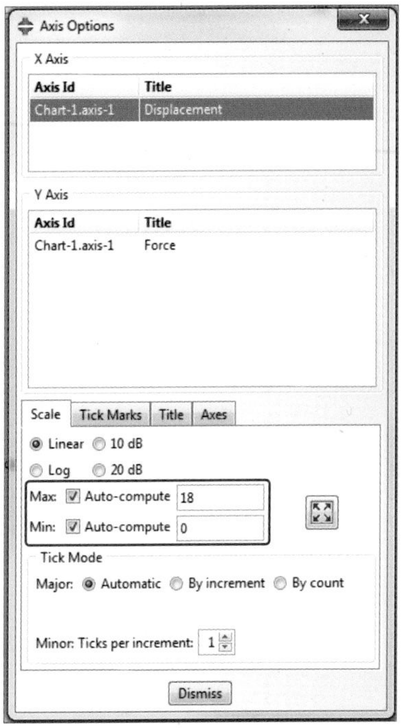

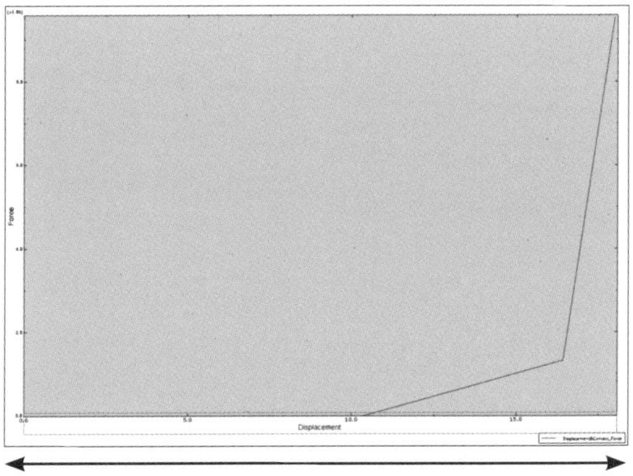

40

범위를 수정하고 Auto-Fit 아이콘(　)을 클릭하면 그래프가 Refresh된다.

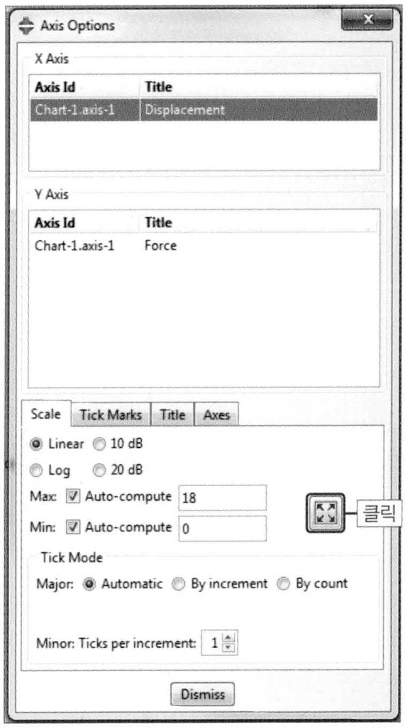

41

Tick Mode〉Major〉Automatic 선택(자
동 조절)

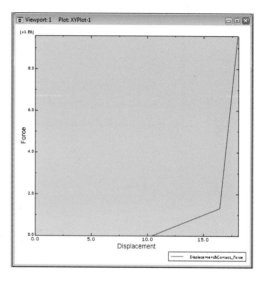

42

Tick Mode〉Major〉By increment 선택

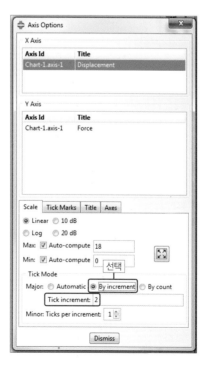

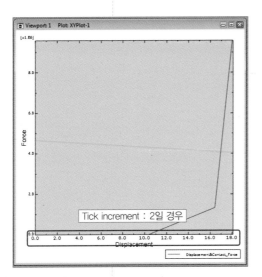

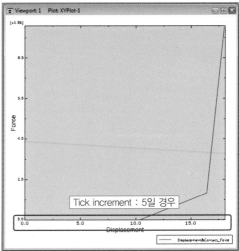

43

Tick Mode〉Major〉By count 선택

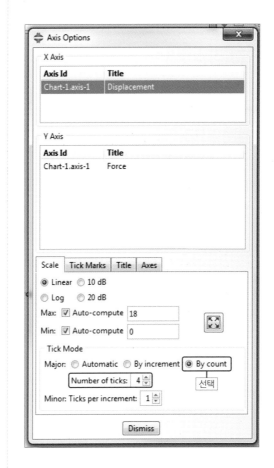

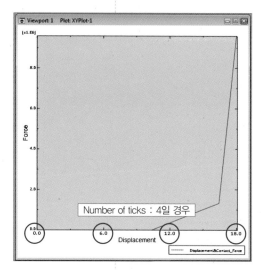

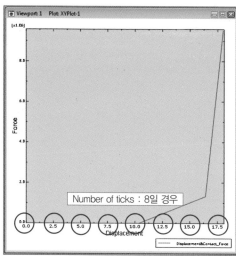

44

Tick Mode〉Minor〉Tick per increment

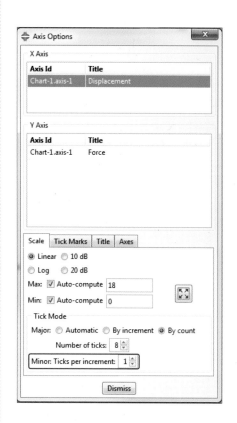

Ticks per increment : 1일 경우   Ticks per increment : 3일 경우

45

Tick Marks 탭에서 Placement는 눈금
자의 위치를 나타낸다.

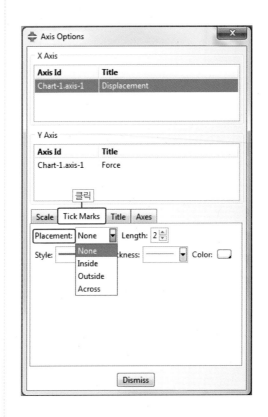

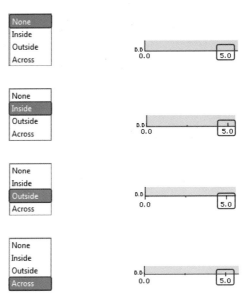

46

Tick Marks 탭에서 Length는 눈금자의
크기를 나타낸다.

Lengths : 5일 경우　　　Lengths : 9일 경우

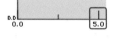　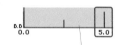

47

Tick Marks 탭에서 Style는 눈금자의
선 종류를 나타낸다.

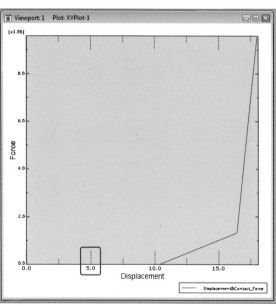

48

Tick Marks 탭에서 Thickness는 눈금
자의 선 굵기를 나타낸다.

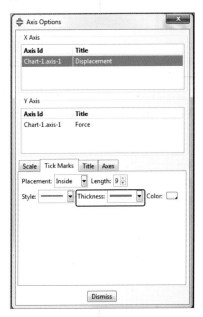 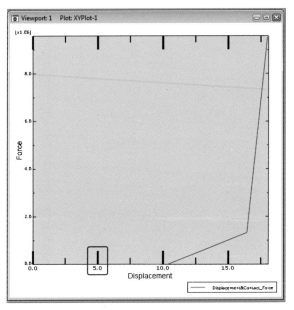

49

Tick Marks 탭에서 Color는 눈금자의
선 색깔을 나타낸다.

 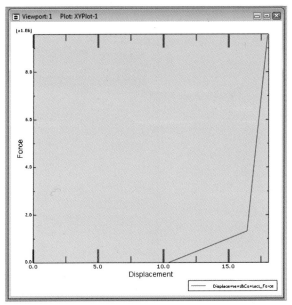

50

Title 탭에서 Font는 제목의 글자 크기
를 나타낸다.

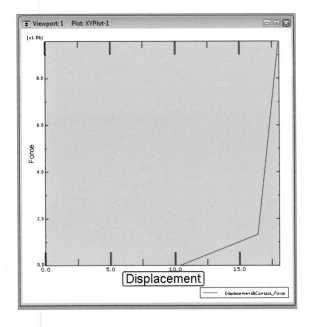

51

Title 탭에서 Color는 제목의 글자 색깔
을 나타낸다.

52

Axes 탭에서 Placement는 X축의 위치
를 표시한다.

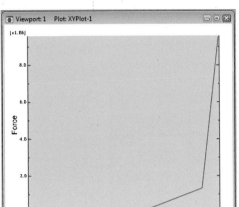

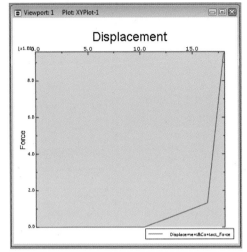

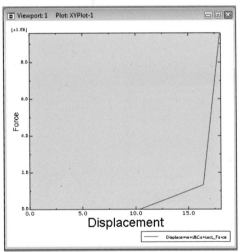

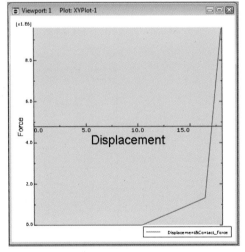

53

Axes〉Labels〉Placement는 Label의 위
치를 표시한다.

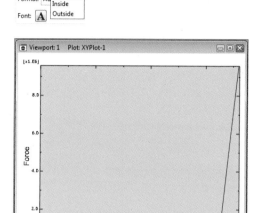

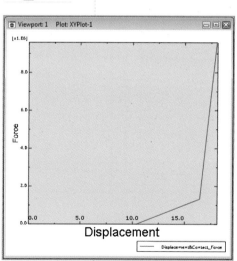

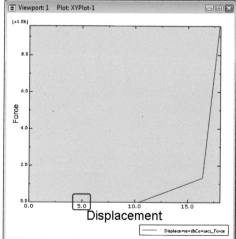

54

Axes〉Labels〉Frequency〉Label의 표
시 주기를 나타낸다.

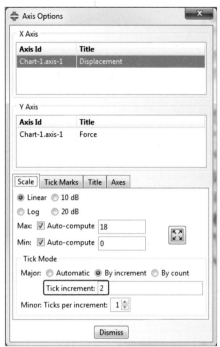

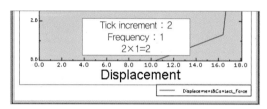

Tick 2개마다 하나의 Labels

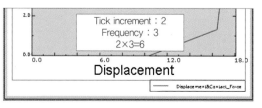

Tick 2개마다 하나의 Labels

55

Axes〉Labels〉Precision〉Labels의
Precision은 자릿수를 나타낸다.

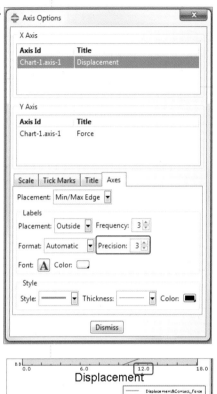

56

Axes〉Labels〉Font와 Color는 글씨체
와 색상을 나타낸다.

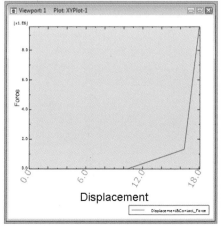

57

Axes〉Style은 Axes의 Style을 나타낸다.

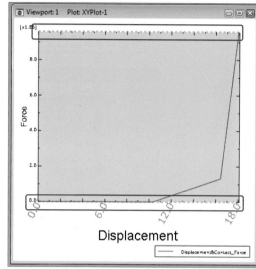

58

Chart Legend Options〉Contents는 XY
Plot에 표시되는 min/max의 값에 대
한 Title을 나타낸다.

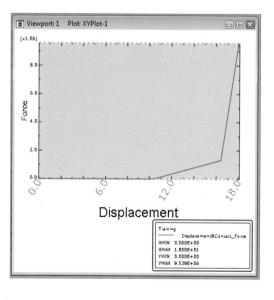

59

Chart Legend Options〉Area는 XY Plot
의 주기의 위치를 결정한다.
삽입된 Title 및 Numbers의 위치를 조
절한다.

- Auto-align : 오른쪽 하단 정렬
- Manual : 사용자 정의 정렬

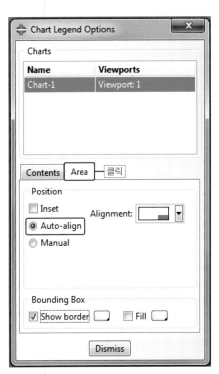

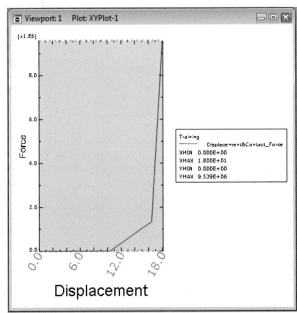

60

XY Plot Title Options는 그래프 상단
의 Title을 나타낸다.

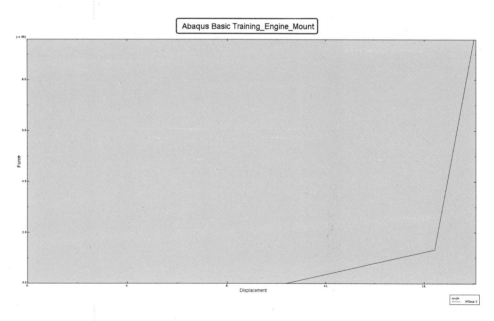

61

XY Plot Options는 그래프 배경색과
테두리 색의 표현 여부를 나타낸다.

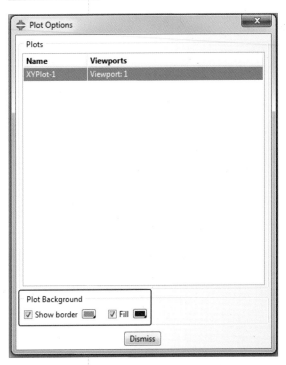

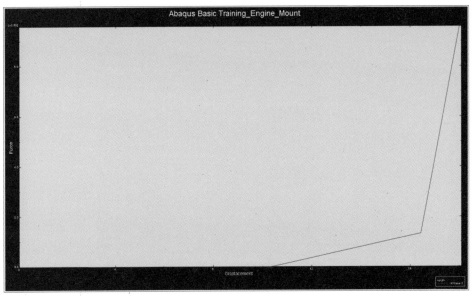

62

XY Chart Options > Grid Display는
Grid의 표시 여부를 나타낸다.

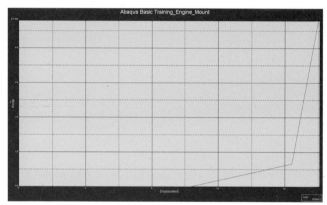

63

XY Chart Options > Grid Area는 Grid
의 크기 및 위치를 나타낸다.

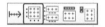

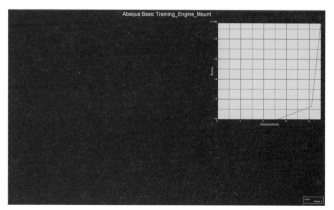

64

XY Curve Options는 그래프에서 그래프 선의 종류 및 색깔을 수정한다.
수정하고자 하는 Data 선택 후 수정한다.

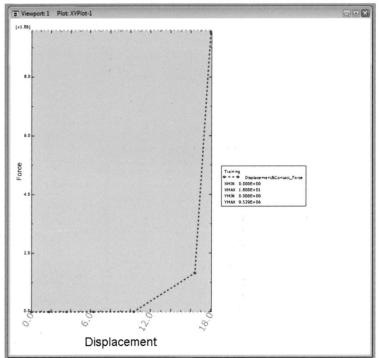

CHAPTER 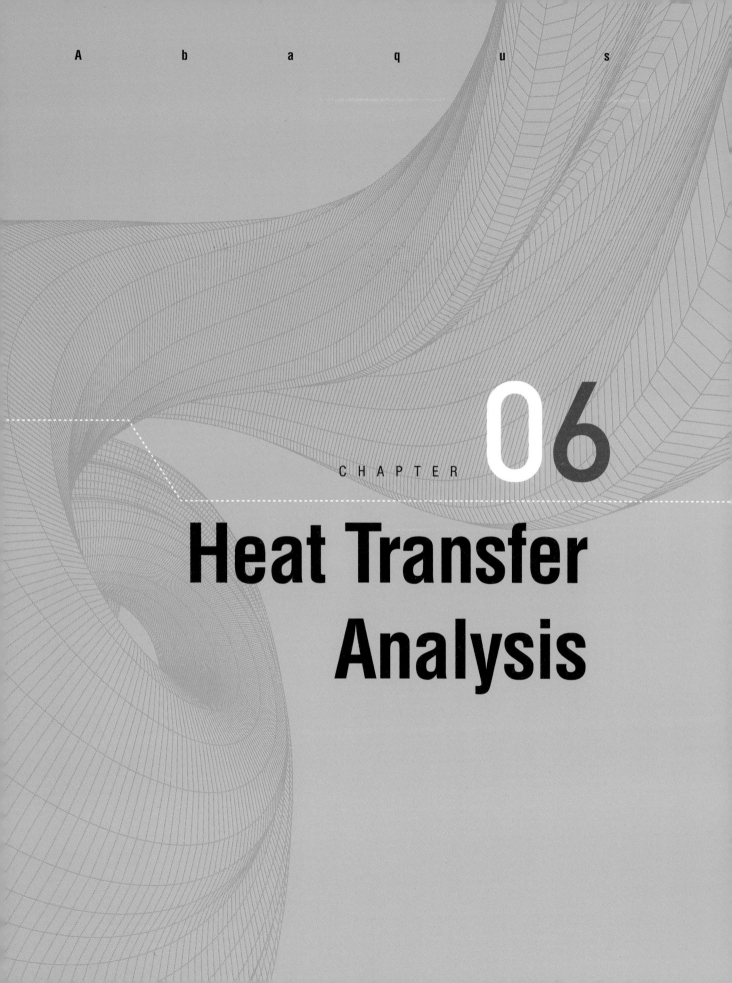06

Heat Transfer
Analysis

BRIEF SUMMARY

Abaqus는 일반적인 구조 문제 이외에도 열, 진동, 전자기, 음향 등 다양한 해석을 할 수 있다. 이 장에서는 열전달 문제를 'steady state'와 'Transient'의 두 가지로 나누어 각 예제를 통해 실습하고 그와 관련된 설명을 정리한다.

CHAPTER
• • •
PREVIEW

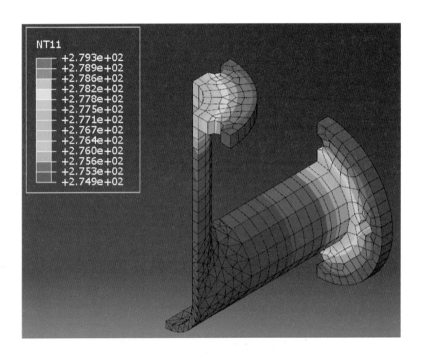

06 Heat Transfer Analysis

■ ■ **시작파일** : Example_File → Ch06_Heat_Transfer_Analysis → Start → pipe_int.sat

■ ■ **완료파일** : Example_File → Ch06_Heat_Transfer_Analysis → Complete → Heat_transfer.cae

01

Menu Bar〉File〉Import〉Part를 이용하여 pipe_int.sat 파일을 불러온다.

02

형상이 대칭을 이루고 있으므로 해석의 효율을 고려하여 형상을 간략화한다. 이를 위해 Create Cut : Extrude 아이콘(🔲)을 클릭하여 그림과 같이 기준면을 먼저 선택한다.

03

그 다음 Prompt area에서 지시한 바와
같이 세로축이 될 edge를 선택한다.

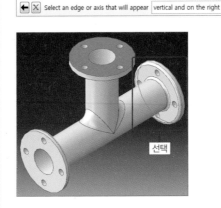

04

다음과 같이 Sketch Module로 들어오
면 Create Lines : Connected 아이콘
( )을 이용하여 그림과 같이 Profile
을 생성한다.
명령을 종료하기 위해서 Esc Key를 누
른 후 Prompt Area에서 Done을 클릭
한다.

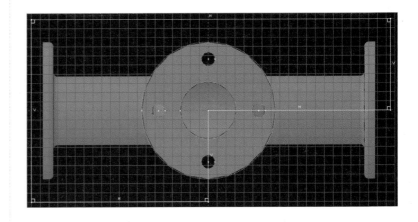

05

Edit Cut Extrusion 창에서 Type :
Through All을 선택하고 OK를 클릭
한다.

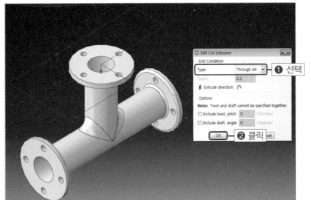
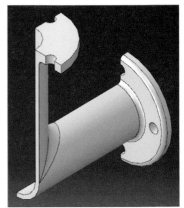

06

Fillet 부분을 제거하기 위해 Geometry Edit 아이콘(✖)을 클릭하여 나타난 창에서 Category를 Face로 선택하고 Method는 Replace를 선택한다.

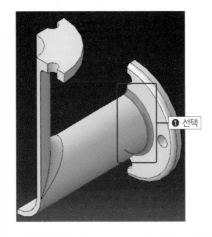

07

Fillet 부분을 선택하고 Prompt area에서 반드시 Extend neighboring face를 Check on하고 Done을 클릭한다.

08

앞의 7의 과정을 반복하여 다음과 같이 나머지 Fillet 부분을 수정한다.

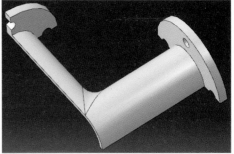

09

Model Tree에서 다음과 같이 Mesh (Empty)를 더블클릭하여 Mesh Module 로 전환한다.

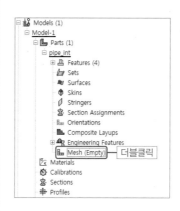

10

Create Partition 아이콘(🔲)을 클릭 하여 나타난 Create Partition 창에서 Type : Cell, Method : Extend face를 선택한다.

11

그림과 같이 face를 선택하고 Prompt area에서 Create Partition을 클릭한다.

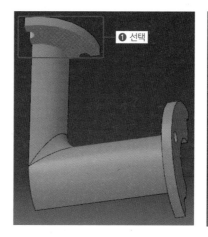
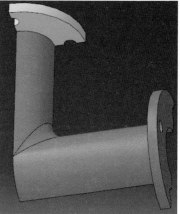

12

새로운 Partition을 생성할 기존의
Partition을 선택하고 Done을 클릭한다.

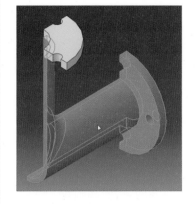

13

그림과 같이 face를 선택하고 Prompt
area에서 Create Partition을 클릭한다.

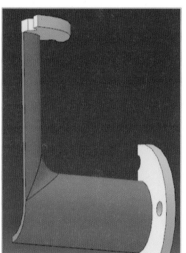

❶ 선택

Partition definition complete Create Partition **❷ 클릭**

14

Create Partition 창에서 Method :
Define cutting plane을 선택하고 그림
과 같이 Partition을 선택한 후 Done을
클릭한다.

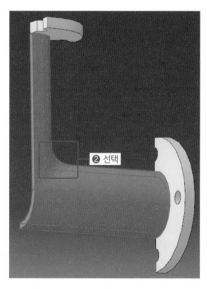

❷ 선택

15

Prompt area에서 Point & Normal을 클릭한다.

16

그림과 같이 첫 번째로 Point를 선택하고 그 다음 Edge를 선택한 후 Prompt area에서 Create Partition을 클릭한다.

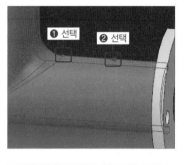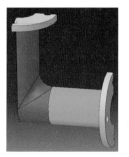

17

앞의 14~16 과정을 반복하여 다음과 같이 새로운 Partition을 생성한다.

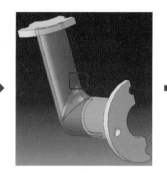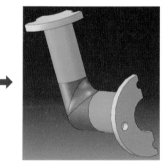

알·고·가·기

Abaqus에서는 기본적으로 Mesh가 Hexa type으로 설정되어 있다.

따라서 앞의 과정과 같이 Abaqus가 Mesh를 잘 생성할 수 있도록 Partition을 분할하여야 하는데 오른쪽 그림에서 표시한 부분의 경우 Partition 기능을 잘 활용하면 Hexa type이 가능하지만 익숙하지 않은 사용자의 입장에서는 다소 까다로울 수 있다.

따라서 이 부분은 따로 Tetra type으로 설정하여야 하는데 이 경우 Hexa type과 Tetra type의 Mesh의 Node가 공유하지 않게 되며, Abaqus에서는 이들 사이에 자동으로 Tie Constraint를 적용하여 완전히 결합되어 있는 것으로 설정한다.

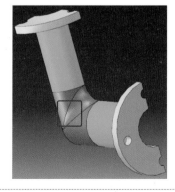

18

Mesh를 생성하기 위해 먼저 Mesh Seed
를 부여한다. Seed Part 아이콘(⬚)을
클릭하여 나타난 Global Seeds 창에서
Approximate global size : 0.04로 설
정하고 OK를 클릭한다.

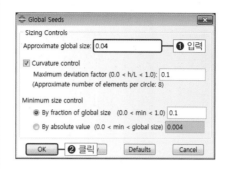

알 고 가 기 ●

Global Seeds 창 설정

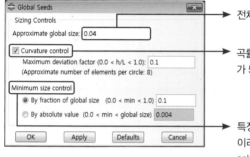

전체적으로 Mesh의 대략적인 Size를 설정한다.

곡률이 포함된 형상의 경우 Global size 대비 비율로 Mesh size를 설정, 즉 Global size
가 50이고 이 부분에 0.1을 입력한 경우 곡률이 포함된 부분의 대략적인 Size는 0.5가 된다.

특정한 경우 Mesh size를 줄여야 되는 경우가 있다.
이러한 경우 By fraction of global size로 Global size 대비 비율로 설정하거나 By ab-
solute value로 직접 Size 값을 설정할 수 있다.

19

Mesh Part 아이콘(⬚)을 클릭한다. 나
타나는 Warning Message에서 OK를
클릭하면 다음과 같이 일부분을 제외
한 Hexa Mesh가 생성된다.

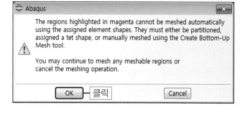

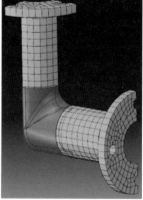

알 고 가 기 ●

위의 그림처럼 Warning message가 나타나는데 이는 Hexa type의 Mesh가 생성될 수 없기 때문에 표시된 부분을 제외하고 Hexa type으로 설정한
다는 내용이다. 무시하고 OK를 클릭한다.

20

나머지 부분을 Tetra type으로 설정하기 위해 Controls 아이콘(▦)을 클릭하고 그림에 표시된 부분을 선택한 후 Done 버튼을 클릭한다.

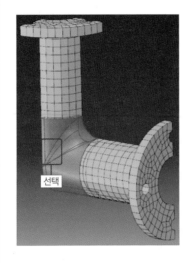

21

Mesh Controls 창에서 Element Shape : Tet를 선택하고 OK를 클릭한다.

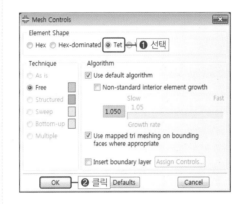

22

Mesh가 생성되지 않은 부분이 그림과 같이 분홍색으로 변경된다.
Mesh Part 아이콘(▦)을 클릭한다.

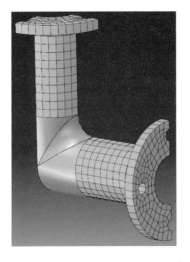

23

OK를 클릭한 후 Prompt area에서 Yes 를 클릭한다.

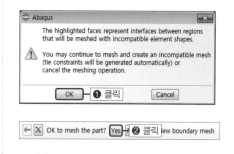

알 고 가 기

Warning message는 Hexa type과 Tetra type이 동시에 적용되었기 때문에 연결 부분에 자동적으로 Tie Constraint를 적용한다는 내용이다. OK를 한다.

24

Assign Element Type 아이콘(▦)을 클릭한다.
마우스로 드래그하여 모델 전체를 선택한 후 Done 버튼을 클릭한다.

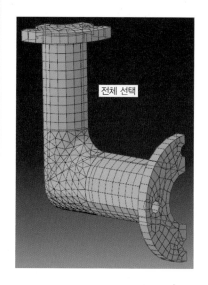

25

Element Type 창에서 Family : Heat Transfer를 선택하고 OK를 클릭한다.

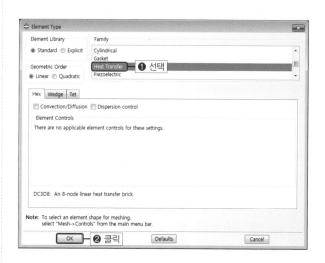

26

Material을 생성하기 위해 Model Tree
에서 Materials를 더블클릭한다.

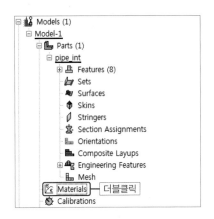

27

Name field에 Aluminum을 입력하고 열
전도도를 설정하기 위해 Edit Material
창에서 Thermal〉Conductivity를 선택
한다.

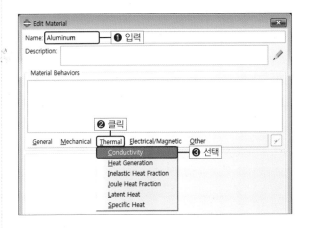

28

Use temperature−dependent data를
Check하고 그림과 같이 물성 값을 입
력한다.

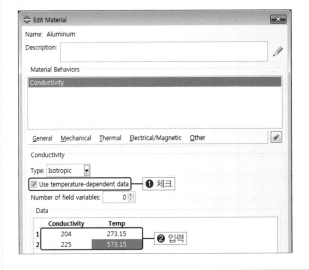

알 고 가 기

열전도도의 경우 재료의 온도에 따라 달라질 수 있다. 이러한 경우 Use temperature−dependent data를 체크하여 온도에 따른 물성 값을 입력할 수
있다. 이는 다른 물성 값에도 적용되는 내용이다.
본 예제에서는 273.15K일 때 204W/m · K이고 573.15K일 때 225W/m · K이라는 의미이다. 중간 값은 Linear interpolation으로 계산된다.

29

비열을 설정하기 위해 Thermal〉
Specific Heat를 선택한다.

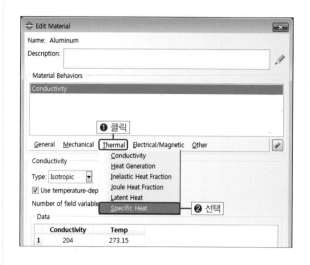

30

Type : Constant Volume으로 선택하
고 880을 입력한다.

31

밀도를 설정하기 위해 General〉
Density를 선택한다.

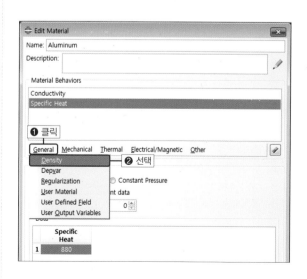

32

Density에 2,700을 입력하고 OK를 클릭한다.

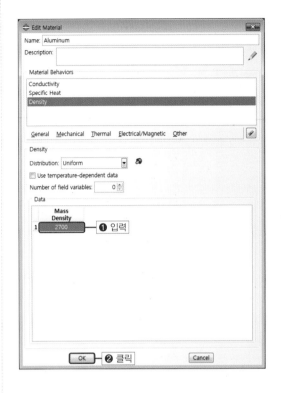

33

Model Tree에서 Sections를 더블클릭한다.

34

Create Section 창에서 Name field에 pipe를 입력하고 Category : Solid, Type : Homogeneous를 선택한 후 Continue를 클릭한다.

35

Edit Section 창에서 Material을 앞에서 생성한 Aluminum으로 선택하고 OK 를 클릭한다.

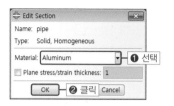

36

생성한 Section을 Part에 적용하기 위해 Model Tree를 확장하여 그림과 같이 Section Assignments를 더블클릭한다.

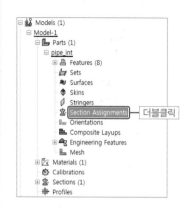

37

모델 전체를 선택하고 Done을 클릭한 후 Edit Section Assignment 창에서 앞에서 생성한 pipe section을 선택하고 OK를 클릭한다.

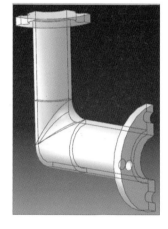

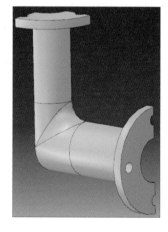

38

Assembly의 Instance를 생성하기 위해
Model Tree에서 Assembly의 Instances
를 더블클릭한다.

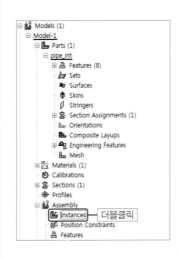

알·고·가·기

Abaqus에서는 경계조건이나 하중조건 등을 Assembly의 Instance에 적용할 수 있다. 따라서 Part를 생성하여도 Instance에 추가하지 않는다면 해석을 수행할 수 없다.

39

Create Instance 창에서 다음을 확인한
후 OK를 클릭한다.

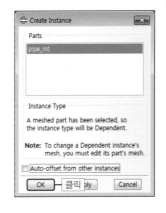
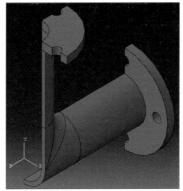

40

해석 Step을 생성하기 위해 Model Tree
에서 Steps (1)을 더블클릭한다.

41

Create Step 창에서 Name field에 Heat_transfer를 입력하고 Procedure type : General, Heat transfer를 선택하고 Continue를 클릭한다.

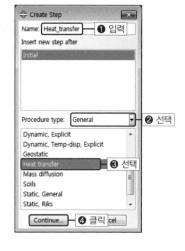

42

Edit Step 창의 Basic tab에서 Response : Steady-state, Time period : 1로 설정한다.

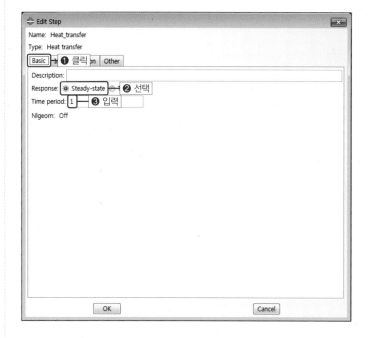

43

Incrementation tab에서 Initial Increment size : 0.01, Minimum : 1E-005, Maximum : 1로 설정하고 OK를 클릭한다.

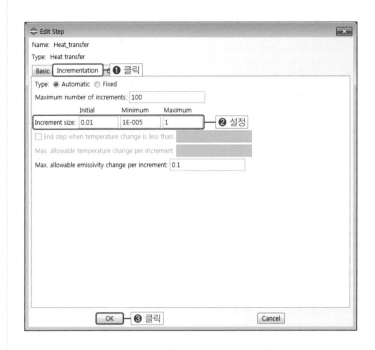

알·고·가·기

Incrementation tab 설정

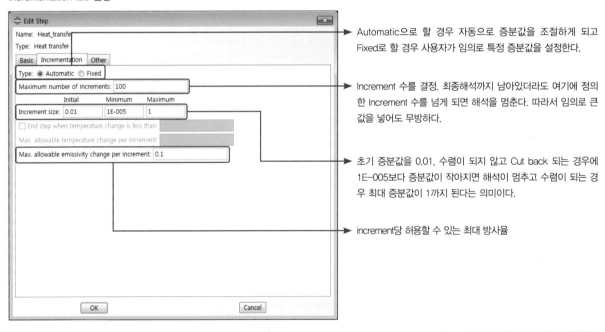

Automatic으로 할 경우 자동으로 증분값을 조절하게 되고 Fixed로 할 경우 사용자가 임의로 특정 증분값을 설정한다.

Increment 수를 결정. 최종해석까지 남아있더라도 여기에 정의한 Increment 수를 넘게 되면 해석을 멈춘다. 따라서 임의로 큰 값을 넣어도 무방하다.

초기 증분값을 0.01, 수렴이 되지 않고 Cut back 되는 경우에 1E-005보다 증분값이 작아지면 해석이 멈추고 수렴이 되는 경우 최대 증분값이 1까지 된다는 의미이다.

increment당 허용할 수 있는 최대 방사율

44

Pipe 외부의 공기에 의한 대류 조건을 설정하기 위해 Model Tree에서 Interactions를 더블클릭한다.

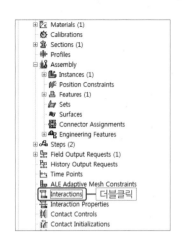

45

Name field에 Outer라고 입력하고 Step은 앞에서 생성한 Heat_transfer, 그리고 Surface film condition을 선택한 후 Continue를 클릭한다.

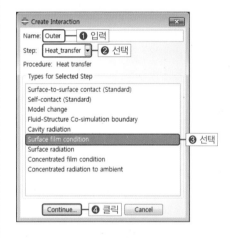

46

그림과 같이 Shift Key를 이용하여 외부의 면을 선택하고 Done을 클릭한다.

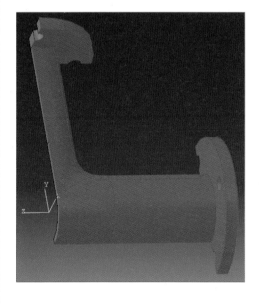

47

Edit Interaction 창에서 Film coefficient
: 50, Sink temperature : 293.15를 입
력하고 OK를 클릭한다.

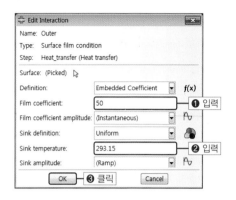

Surface film condition 설정

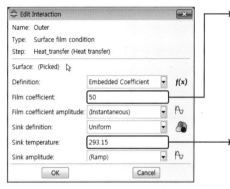

열 전달에서는 모델의 내·외부 온도 차이에 의한 열 교환을 고려해야 한다. 보통 일반
적으로 공기나 수중에 노출되는 경우가 많은데 이러한 경우 이에 대한 대류 열전달 계
수를 고려하여야 한다. 따라서 Abaqus에서는 표면에 대한 Film condition을 적용하여
이를 가정한다. 이 값은 Reynolds number와 온도에 대한 함수로서 시험에 의해 구해야
하나 상당히 까다롭기 때문에 보통 대류의 종류와 유체의 상에 따라 특정 값을 정의하
게 된다.

Sink temperature는 외부 열원의 온도이다. 따라서 외기 온도와는 차이가 있기 때문에
이를 잘 구별하여야 한다. 그러나 대부분의 열전달 문제는 외기에 노출되어 있는 경우
가 많으므로 외기 온도를 고려하는 경우도 있다.

48

Pipe 내부에서 흐르는 유체에 의한 대
류 조건을 설정하기 위해 Model Tree
에서 Interactions (1)를 더블클릭한다.

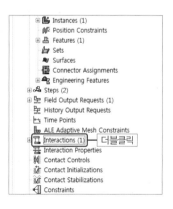

49

Name field에 Inner라고 입력하고 Step
은 앞에서 생성한 Heat_transfer, 그리
고 Surface film condition을 선택하고
Continue를 클릭한다.

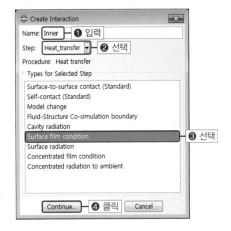

50

그림과 같이 Shift Key를 이용하여 내
부의 면을 선택하고 Done을 클릭한다.

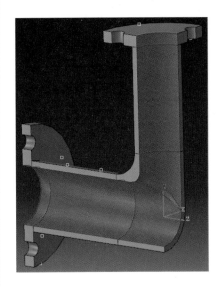

51

Edit Interaction 창에서 Film coefficient
: 1200, Sink temperature : 274.15를
입력하고 OK를 클릭한다.

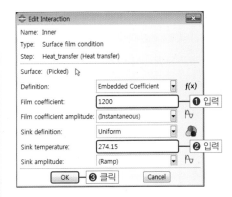

52

Model Tree에서 Model-1을 더블클릭
한다.

Abaqus에서는 복사 열전달을 고려하기 위해 Stefan-Bolzmann constant를 따로 설정하여야 한다.

53

Edit Model Attributes 창에서 Absolute
zero temperature : 0, Stefan-Boltz
mann constant : 5.67E-008을 입력
하고 OK를 클릭한다.

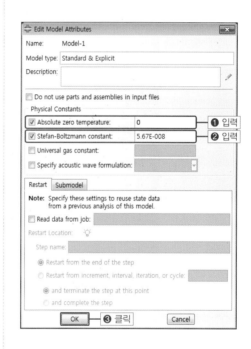

54

복사 열전달을 고려하기 위해 Model
Tree에서 Interactions (2)를 더블클
릭한다.

55

Name field에 Radiation이라고 입력하고 Step은 Heat_transfer, 그리고 Surface radiation을 선택한 후 Continue를 클릭한다.

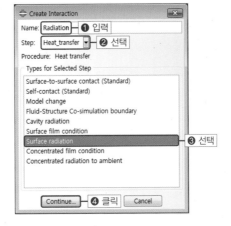

56

다음과 같이 외부의 면을 선택하고 Done을 클릭한다.

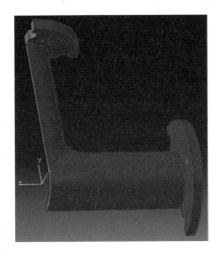

57

Edit Interaction 창에서 Radiation type : To ambient로 설정하고 Emissivity : 0.7, Ambient temperature : 293.15로 설정하고 OK를 클릭한다.

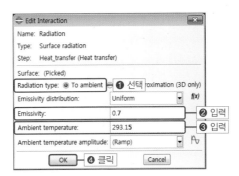

알고가기

Surface radiation 설정

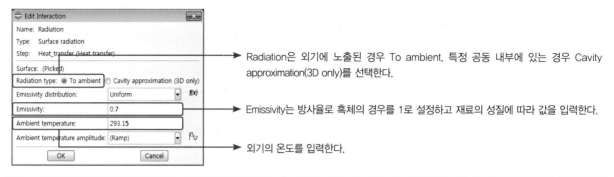

Radiation은 외기에 노출된 경우 To ambient, 특정 공동 내부에 있는 경우 Cavity approximation(3D only)를 선택한다.

Emissivity는 방사율로 흑체의 경우를 1로 설정하고 재료의 성질에 따라 값을 입력한다.

외기의 온도를 입력한다.

58

모델의 초기 온도를 부여하기 위해 Model Tree에서 Predefined Fields를 더블클릭한다.

59

Create Predefined Field 창에서 Name field에 Initial이라고 입력하고 Step : Initial, Category : Other 그리고 Temperature를 선택한 후 Continue를 클릭한다.

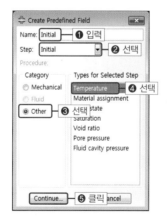

60

그림과 같이 마우스로 드래그하여 모델 전체를 선택하고 Done을 클릭한다.

61

Edit Predefined Field 창에서 Magnitude : 293.15를 입력하고 OK를 클릭한다.

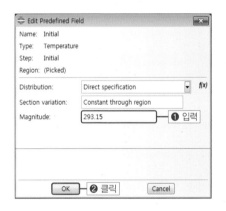

62

Model Tree에서 Jobs를 더블클릭한다.

63

Create Job 창에서 Name field에 Heat_transfer라고 입력하고 Continue를 클릭한다.

64

Edit Job 창에서 사용자의 필요에 따라 설정하고 OK를 클릭한다.

65

Job Manager 아이콘( )을 클릭하여 나타난 Job Manager 창에서 Submit 버튼을 클릭하여 해석을 수행한다.

66

그림과 같이 Warning message가 나타나는데 History output을 생성하지 않았기 때문으로 무시하고 Yes를 클릭한다.

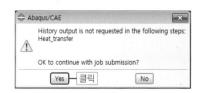

67

Status가 Submitted → Running → Completed가 되는지 관찰한다.

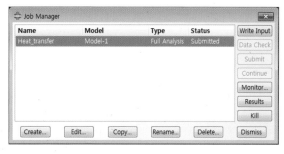

68

Results 버튼을 클릭한다.

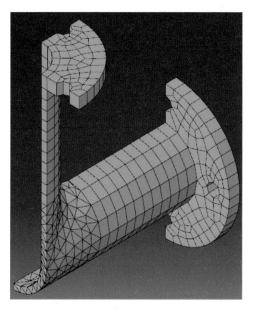

69

Field Output toolbar에서 HFL을 다음
과 같이 NT11로 변경한다.

70

결과를 확인한다.

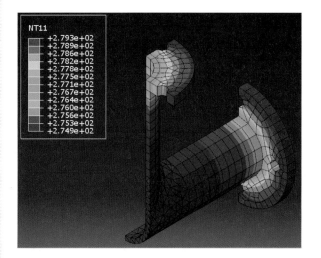

71

Model Tree에서 기존의 Model-1에서
마우스 오른쪽 버튼을 클릭한 후 나타
난 메뉴에서 Copy Model…을 클릭
한다.

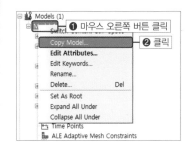

72

Transient라고 입력하고 OK를 클릭
한다.

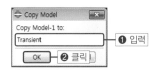

73

Transient라는 이름을 가지는 동일한
Model이 복사된 것을 확인한 후 기존
의 Steady-state 해석을 Transient로 변
경하기 위해 Model Tree에서 Steps의
Heat_transfer를 더블클릭한다.

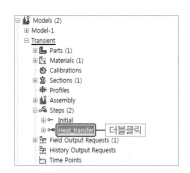

74

Edit Step 창에서 Response : Transient
로 변경하고 Time period : 1000으로
설정한다.

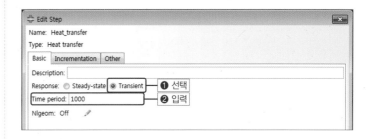

Transient에서의 Time period는 물리적인 시간(second)을 의미한다.

75

Incrementation tab에서는 다음과 같이
설정한다.

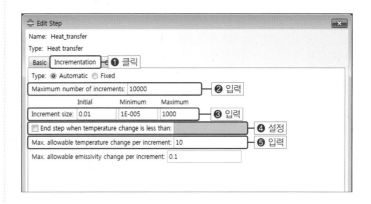

Incrementation tab 설정

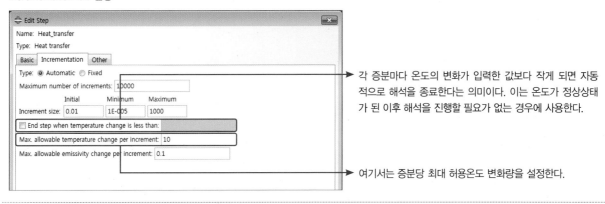

각 증분마다 온도의 변화가 입력한 값보다 작게 되면 자동
적으로 해석을 종료한다는 의미이다. 이는 온도가 정상상태
가 된 이후 해석을 진행할 필요가 없는 경우에 사용한다.

여기서는 증분당 최대 허용온도 변화량을 설정한다.

76

Model Tree의 Jobs (1)을 더블클릭한다.

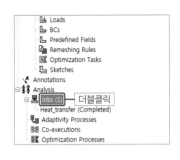

77

Create Job 창에서 Name field에 Transient라고 입력하고 Model list에서 Transient를 선택한 후 Continue를 클릭한다.

78

Edit Job 창에서 사용자의 필요에 따라 설정하고 OK를 클릭한다.

79

Job Manager 아이콘(▦)을 클릭하여 나타난 Job Manager 창에서 Submit 버튼을 클릭하여 해석을 수행한다.

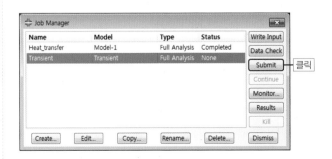

80

그림과 같이 Warning message가 나타
나는데 이는 History output을 생성하
지 않았기 때문이므로 무시하고 Yes
를 클릭한다.

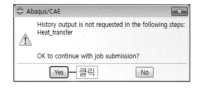

81

Status가 Submitted → Running →
Completed가 되는지 관찰한다.

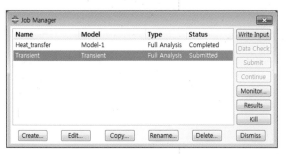
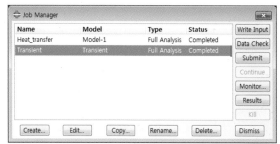

82

Results 버튼을 클릭한다.

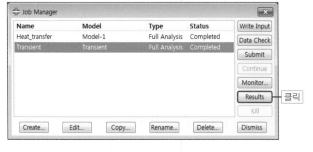
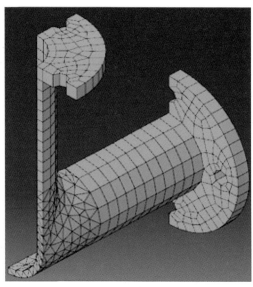

83

Field Output toolbar에서 HFL을 다음
과 같이 NT11로 변경한다.

84

결과를 확인한다.

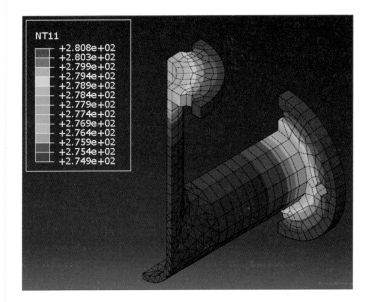

CHAPTER 07

Dynamic Implicit Analysis

■ BRIEF SUMMARY

일반적으로 구조해석, 응력해석이라 함은 시간에 대한 정적인 상황을 가정하여 응력이나 변형을 확인하는 해석이라 할 수 있는데, 이때 Abaqus에서는 Static, General procedure를 이용한다. 그러나 시간에 대한 동적인 상황, 즉 적용되는 하중이나 경계조건이 시간이력에 따라 변화하고 이에 따른 구조물의 응답이 시간 의존적인 경우에는 Dynamic, Implicit나 Dynamic, Explicit procedure를 이용한다.

위의 두 가지 Dynamic 해석은 내부적으로 동적 문제를 풀어내는 알고리즘의 차이에 의해 적용되는 옵션과 상황이 구분되는데 Dynamic, Implicit는 보통 동적인 문제이면서 구조물의 응력이나 변형에 해석의 초점이 맞춰지는 경우 사용한다.

이 장에서는 'Dynamic, Implicit'을 이용한 동적 해석을 예제를 통해 실습한다.

CHAPTER
•••
PREVIEW

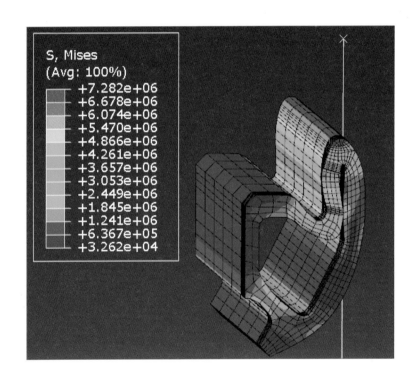

CHAPTER

Dynamic Implicit Analysis

■ ■ **시작파일 :** Example_File → Ch07_Dynamic_Implicit_Analysis → Start → Implicit.cae

■ ■ **완료파일 :** Example_File → Ch07_Dynamic_Implicit_Analysis → Complete → Implicit_Complete.cae

01

Implicit.cae 파일을 Open한다.

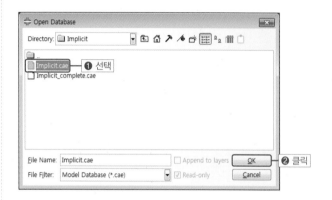

02

다음과 같은 화면이 나타난다.

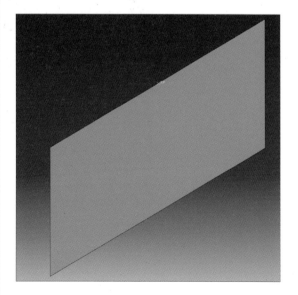

03

Model Tree에서 Section Assignments
와 Assembly Instances, Mesh까지 미
리 생성된 것을 확인한다.

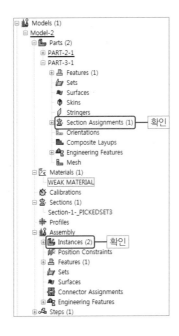

04

그림은 Assembly module에서의 Full
model이다.

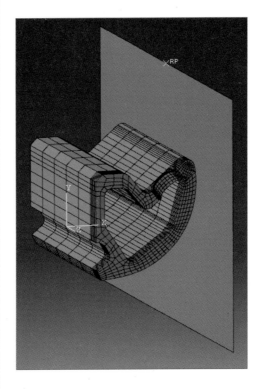

05

Model Tree에서 Steps (1)을 더블클릭
한다.

06

Create Step 창에서 Dynamic, Implicit
를 선택하고 Continue를 클릭한다.

07

Edit Step 창에서 Time period : 0.0336
을 입력하고 Nlgeom : On을 선택한다.

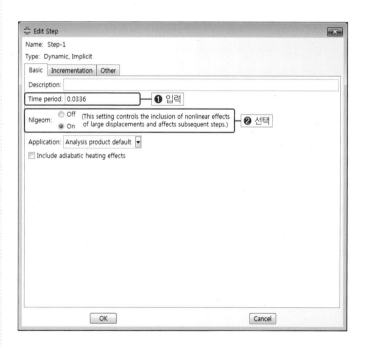

08

Incrementation 탭은 default 상태에서
OK를 클릭한다.

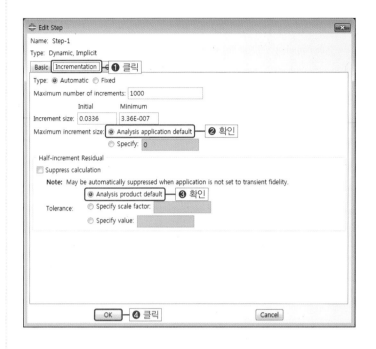

09

접촉에 대한 속성을 정의하기 위해
Model Tree에서 Interaction Properties
를 더블클릭한다.

10

Create Interaction Property 창에서
Type : Contact를 선택하고 Continue
를 클릭한다.

11

Edit Contact Property 창에서 Mechanical〉Tangential Behavior를 선택한다.

12

Tangential Behavior의 Friction formulation : Frictionless를 선택하고 OK를 클릭한다.

Tip ◆◇◇◇◇◇◇◇◇◇◇◇◇◇◇◇◇◇◇◇◇◇◇◇◇◇◇◇◇◇◇◇◇◇◇◇◇◇

Frictionless로 접촉면 간의 마찰을 무시할 수 있는데, 마찰을 고려할 경우 Friction formulation을 Penalty 등으로 변경하여 적용할 수 있다.

◇◇◇◇◇◇◇◇◇◇◇◇◇◇◇◇◇◇◇◇◇◇◇◇◇◇◇◇◇◇◇◇◇◇◇◇

알 고 가 기

Contact Property 설정

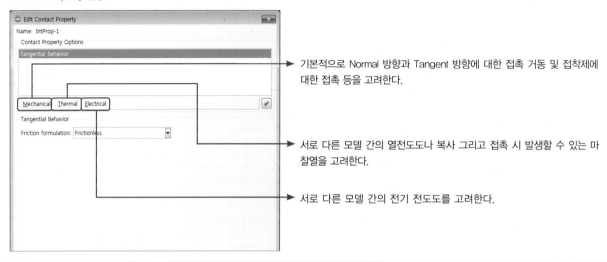

기본적으로 Normal 방향과 Tangent 방향에 대한 접촉 거동 및 접착제에 대한 접촉 등을 고려한다.

서로 다른 모델 간의 열전도도나 복사 그리고 접촉 시 발생할 수 있는 마찰열을 고려한다.

서로 다른 모델 간의 전기 전도도를 고려한다.

13

Model Tree에서 Interactions를 더블클릭한다.

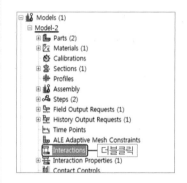

14

Create Interaction 창에서 Surface-to-surface contact (Standard)를 선택하고 Continue를 클릭한다.

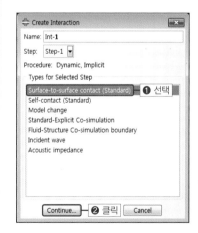

15

Prompt area에서 Geometry를 선택하고 다음과 같이 Analytical rigid의 면을 선택한 후 Done을 클릭한다.

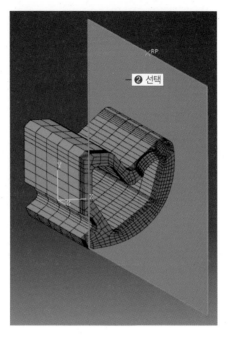

16

Prompt area에서 접촉할 면을 선택하라는 메시지가 나타나면 접촉할 면의 색상을 확인하고 Brown을 선택한다.

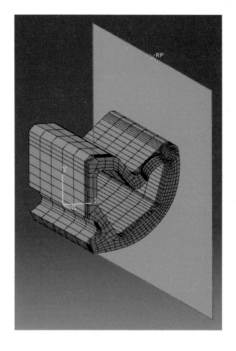

17

Slave를 선택하기 위해 Prompt area에서 Surface를 클릭하고 Orphan Mesh이기 때문에 Mesh를 클릭한다.

18

외부의 면을 선택하고 Done을 클릭한다. 선택이 번거로울 경우 Prompt area에서 by angle을 설정하여 값을 80으로 입력하고 그림의 면을 선택한다.

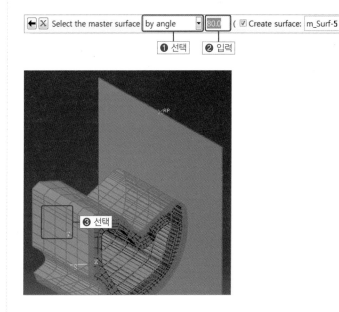

19

Edit Interaction 창에서 다음과 같이 Intprop-1과 Default로 선택하고 OK를 클릭한다.

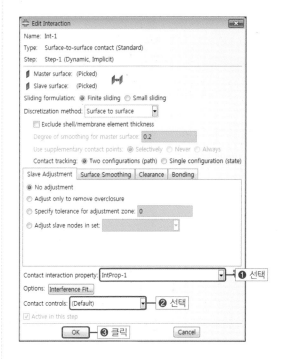

20

Model Tree에서 Interactions (1)을 더
블클릭한다.

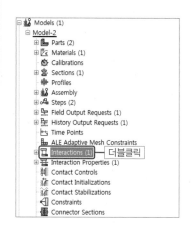

21

자가 접촉이 발생할 수 있으므로 Create
Interaction 창에서 Self-contact (Stand
ard)를 선택하고 Continue를 클릭한다.

22

Prompt area에서 Mesh를 클릭하고 내
부의 면을 모두 선택(by angle로 설정
하여 값을 80으로 입력)한 후 Done을
클릭한다.

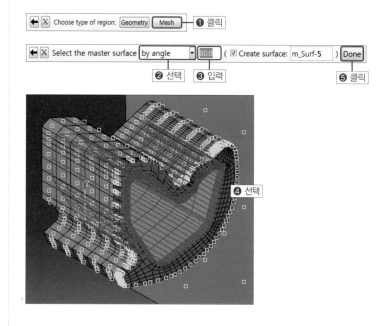

23

Edit Interaction 창에서 Default 상태로
OK를 클릭한다.

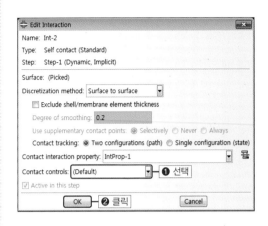

24

Model Tree에서 Amplitudes를 더블클
릭한다.

25

Create Amplitude 창에서 Tabular를 선
택하고 Continue를 클릭한다.

26

Edit Amplitude 창에서 다음과 같이 입
력하고 OK를 클릭한다.

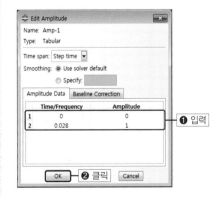

알 고 가 기

Amplitude

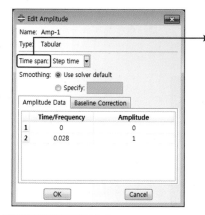

• Total time : Step이 여러 개인 경우 Step 모두에 대하여 Amplitude를 적용
• Step time : Step이 여러 개라도 적용되는 Step에 대하여 개별적으로 적용

27

Model Tree에서 BCs를 더블클릭한다.

28

Create Boundary Condition 창에서
Name : Fix로 입력하고 Symmetry/
Antisymmetry/Encastre를 선택한 후
Continue를 클릭한다.

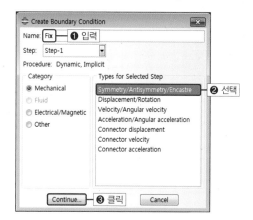

29

Prompt area에서 Mesh를 클릭하고 영역을 선택(by angle로 설정하여 값을 30으로 입력)한 후 Done을 클릭한다.

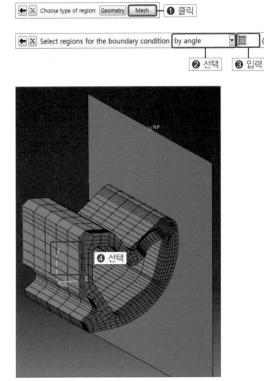

30

Edit Boundary Condition 창에서 PINNED를 선택하고 OK를 클릭한다.

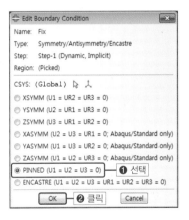

31

Model Tree에서 BCs (1)을 더블클릭한다.

32

Create Boundary Condition 창에서
Name : zsymm로 입력하고 Symmetry/
Antisymmetry/Encastre를 선택한 후
Continue를 클릭한다.

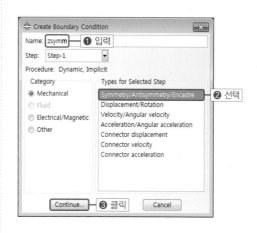

33

Prompt area에서 Mesh를 클릭하고
Z축으로 대칭되는 영역을 선택(by
angle로 설정하여 값을 10으로 입력)
한 후 Done을 클릭한다.

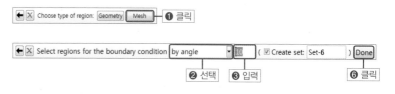

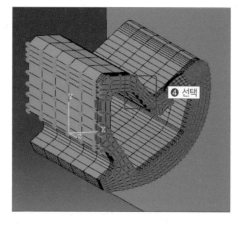

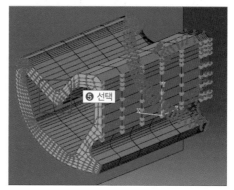

34

Edit Boundary Condition 창에서
ZSYMM을 선택하고 OK를 클릭한다.

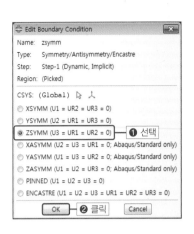

35

Model Tree에서 BCs (2)를 더블클릭
한다.

36

Create Boundary Condition 창에
서 Name : vel로 입력하고 Velocity/
Angular velocity를 선택한 후 Continue
를 클릭한다.

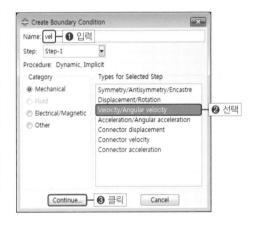

37

Prompt area에서 Geometry를 클릭하
고 RP를 선택한 후 Done을 클릭한다.

38

Edit Boundary Condition 창에서 V1을
Check on 한 후 field에 −0.25를 입력
하고 Amplitude의 Amp−1을 선택한
후 OK를 클릭한다.

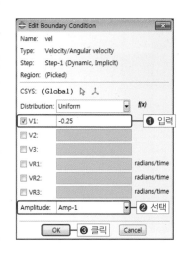

39

Model Tree에서 BCs (3)을 더블클릭
한다.

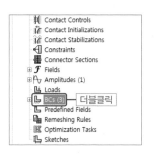

40

Create Boundary Condition 창에서
Name : vel_fix로 입력하고 Displace
ment/Rotation을 선택한 후 Continue를
클릭한다.

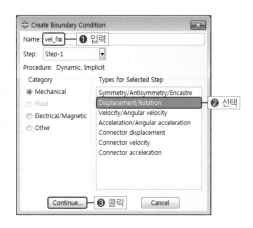

41

Prompt area에서 Geometry를 클릭하고 RP를 선택한 후 Done을 클릭한다.

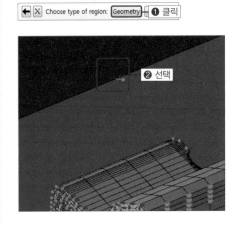

42

Edit Boundary Condition 창에서 U1을 제외한 모든 항목을 Check on하고 OK를 클릭한다.

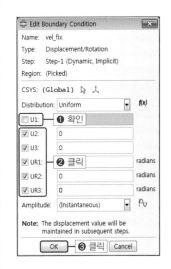

알·고·가·기

U1을 Check on하면 V1을 적용해도 Velocity가 적용되지 않는다. U1을 제외하고 모두 Check on을 하지 않으면 접촉에 의해 경계조건이 바뀌게 되어 Plate의 거동이 원하는 대로 표현되지 않게 된다.

43

Model Tree에서 Jobs를 더블클릭한다.

44

Create Job 창에서 Name : Implicit로
입력하고 Continue를 클릭한다.

45

Edit Job 창에서 OK를 클릭한다.

46

Job Manager 아이콘(▦)을 클릭하여
나타난 Job Manager 창에서 Submit를
클릭한다.

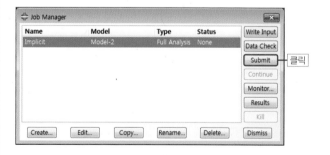

47

다음과 같이 해석 진행 과정을 관찰
한다.

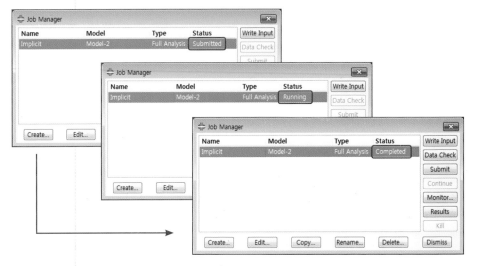

48

Status가 Completed가 되면 Results를
클릭한다.

49

다음과 같은 화면이 나타난다.

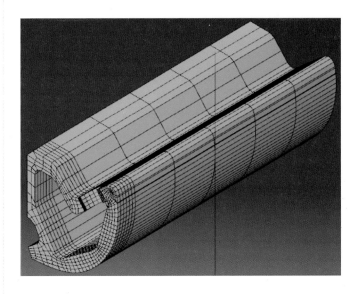

50

Plot Contours on Deformed Shape 아이콘(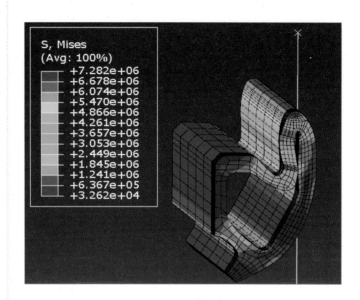)을 클릭하여 결과를 확인한다.

MEMO

CHAPTER **08**

Dynamic Explicit Analysis

BRIEF SUMMARY

앞 장에서 다룬 Dynamic, Implicit와는 다르게 Dynamic, Explicit은 동적인 상황에서 구조물의 응력이나 변형보다는 일반적으로 충격, 충돌, 낙하와 같은 상황에서 주로 적용되는 해석 Procedure이다. 일반적으로 많이 사용되는 Dynamic 해석은 Explicit인데 각 알고리즘의 특성상 Implicit은 상대적으로 수렴성이 좋지 않고 Explicit은 보통 해석시간이 많이 소요된다.

이 장에서는 'Dynamic, Explicit'을 이용한 동적 해석을 푸는 과정을 설명한다.

CHAPTER
● ● ●
PREVIEW

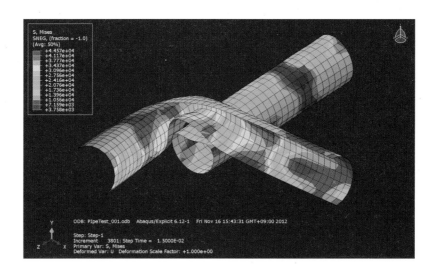

CHAPTER

08

Dynamic Explicit Analysis

■ ■ 완료파일 : Example_File → Ch08_Dynamic_Explicit_Analysis → Complete → Explicit.cae

01

Abaqus/CAE 실행 후 Model Tree의 Parts를 더블클릭한다.

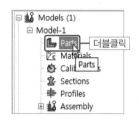

02

나타나는 Crate Part창에서 Name을 Pipe_Fixed라고 입력하고 다음과 같 이 Shpae : Shell, Type : Extrusion 으로 선택한 후 Continue를 클릭한다.

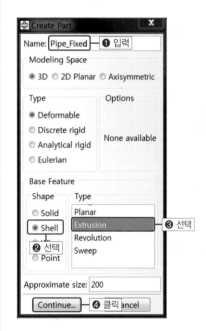

03

Create Circle 아이콘()을 클릭한다. Circle의 Center를 0,0으로, 나머지 한 점을 0,5로 설정한다.

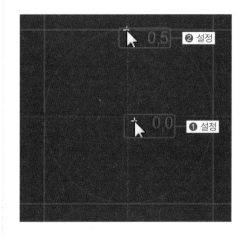

04

Add Dimension 아이콘()을 클릭한다. 3번에서 생성한 Circle을 선택하면 그림과 같이 Circle의 반지름이 표시된다. Dimension을 위치시킬 좌표를 입력하거나 마우스 왼쪽 버튼으로 임의의 위치를 클릭한다.

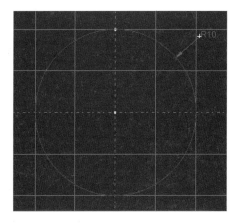

05

Prompt Area에 Circle의 새로운 반지름 값 3.25를 입력하고, Enter를 누른다.

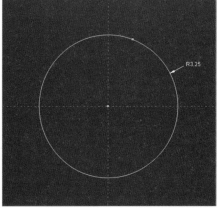

06

나타나는 Prompt Area에서 Done을 클릭한다.

07

Edit Base Extrusion 창에서 Depth에 25를 입력하고 OK를 클릭한다.

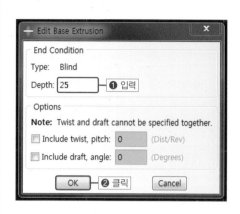

08

오른쪽 그림과 같은 파이프 형상이 나타난다.

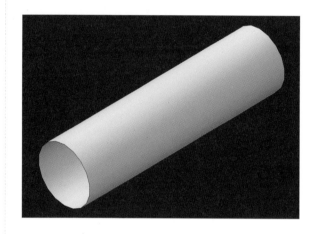

09

Model Tree의 Pipe_Fixed에서 마우스 오른쪽 버튼을 클릭하여 나타나는 메뉴에서 Copy를 선택한다.

10

Part Copy Box에서 Name을 Pipe_
Impacting으로 입력하고 OK를 클릭
한다.

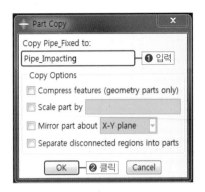

11

Model Tree의 Pipe_Impacting Part
의 Tree를 확장한다. Shell extrude-1
에서 마우스 오른쪽 버튼을 클릭하여
Edit 선택한다.

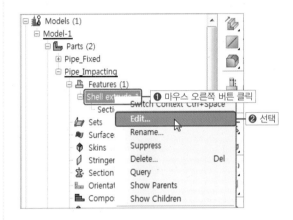

12

Edit Feature 창에서 Edit Section Sketch
를 선택한다.

13

Section Sketch 화면으로 전환된다.

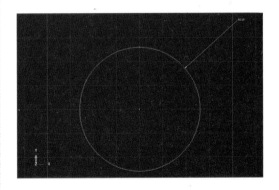

14

Create Construction 아이콘을 선택
하여 Circle Center에서 수직이 되는
Construction Line을 생성한다.

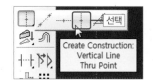

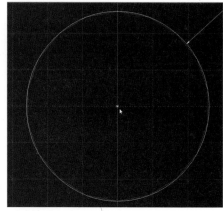

15

Auto Trim 아이콘을 선택한다. Circle의
왼쪽 반원을 선택하여 Circle의 반쪽을
삭제한다.

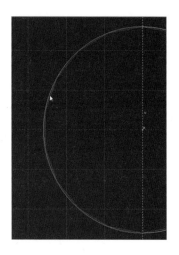

16

Circle의 반원이 삭제된 것을 확인하고
Prompt Area에서 Done을 선택하여
Sketch Edit을 종료한다.

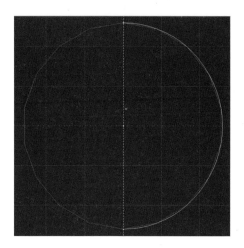

17

Edit Feature 창에서 Depth에 50을 입력하고 OK를 클릭한다.

18

파이프의 반원으로 Surface가 생성된다.

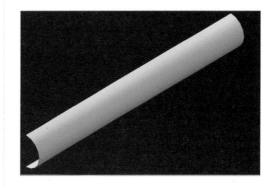

19

Model Tree의 Materials를 더블클릭한다.

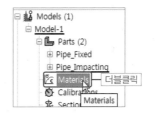

20

Edit Material 창에서 Mechanical〉Elasticity〉Elastic을 차례로 선택한다.

21

Elastic의 Data Field에서 Young's Modulus : 30e6, Poisson's Ratio : 0.3 을 입력한다.

22

Edit Material 창에서 Plasticity〉Plastic 을 차례로 선택한다.

23

Plastic의 Data Field에서 Yield Stress : 45000, Plastic Strain : 0을 입력한다.

Data

	Yield Stress	Plastic Strain	
1	45000	0	입력

24

Edit Material 창에서 General〉Density
를 차례로 선택한다.

25

Density의 Data Field에서 Mass Density
: 7.32e-4를 입력하고 OK를 클릭한다.

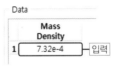

26

Model Tree의 Material-1에서 마우스
오른쪽 버튼을 누르고 Rename을 선택
한다. 이름을 Steel로 입력하고 OK를
클릭한다.

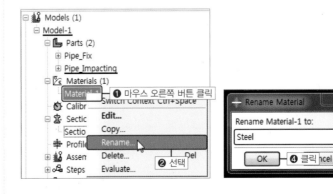

27

Model Tree의 Sections를 더블클릭
한다.

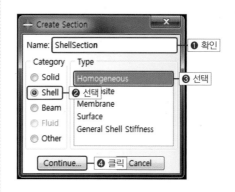

28

Create Section 창에서 Shell, Homo
geneous를 선택하고 Continue를 클릭
한다.

29

Edit Section 창의 Basic 탭에서 Shell
Thickness Value : 0.432를 입력한다.
Material Field에 Steel이 입력된 것을
확인하고 OK를 클릭한다.

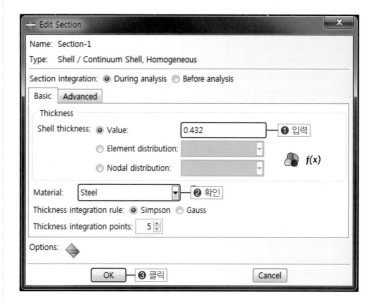

30

Property 모듈의 Assign Section 아이콘
(🔳)을 선택한다. 그림과 같이 Pipe_
Impacting 모델을 선택한 후 Done을
클릭한다.

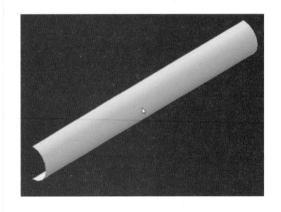

31

Edit Section Assignment 창의 Prompt
Area에서 다음과 같이 설정한 후 OK
를 클릭한다.

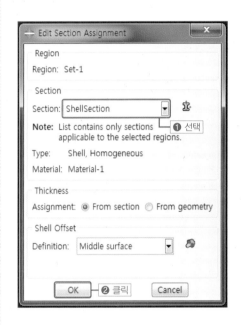

32

Module의 Part를 Pipe_Fixed로 선택
하면 그림과 같이 Pipe Fixed가 나타
난다.

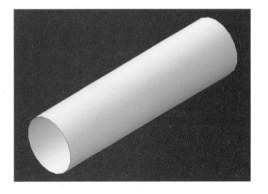

33

Property 모듈의 Assign Section 아이콘 (📧)을 선택한다. 그림과 같이 Pipe_Fixed 모델을 선택한 후 Done을 클릭한다.

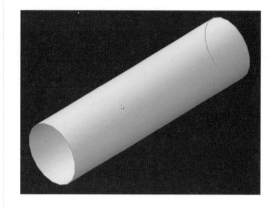

34

Edit Section Assignment 창의 Prompt Area에서 다음과 같이 설정한 후 OK를 클릭한다.

35

Module에서 Assembly로 이동한다.

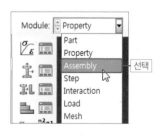

36

Assembly Module에서 다음과 같이 Instance Part 아이콘을 선택한다.

37

나타나는 Create Instance 창에서 Pipe_Fixed와 Pipe_Impacting을 선택한다. Dependent(mesh on part)와 Auto-offset from other instances를 체크하고 OK를 클릭한다.

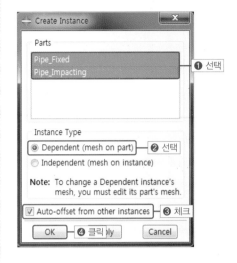

38

Translate instance 아이콘(⊞)을 선택하고, 그림과 같이 Pipe_Impacting을 클릭한 후 Done을 클릭한다.

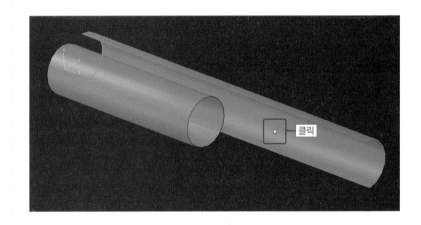

39

Start point로써 그림과 같은 Point를 선택한다.

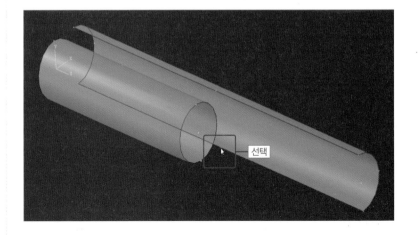

40

End point로써 그림과 같은 Point를
선택한다.

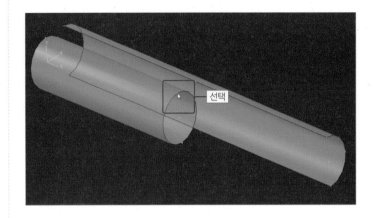

41

Prompt Area에서 OK를 클릭한다.

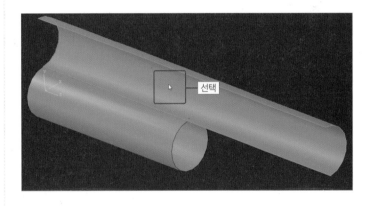

42

Rotate Instance 아이콘(⬚)을 클릭
한다.

43

그림의 Pipe_Impacting을 클릭한 후
Done을 클릭한다.

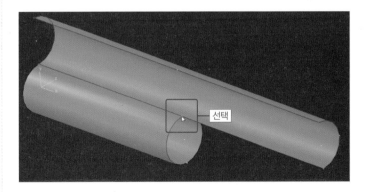

44

Start point로써 그림과 같은 Point를
선택한다.

45

End point로써 그림과 같은 Point를 선택한다.

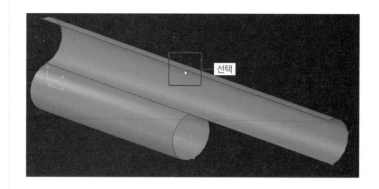

46

Prompt Area에 90을 입력하고 Enter 한다.

47

Prompt Area에서 OK를 클릭한다.

48

Translate instance 아이콘(⬛)을 클릭하고 다음과 같이 Instance를 선택한다. Prompt Area에서 Done를 클릭한다.

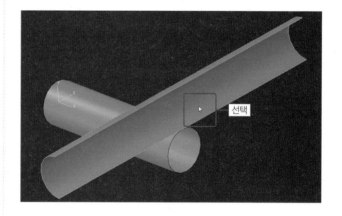

49

Prompt Area의 Start Point에 0,0,0을 입력하고 Enter를 누른다.

50

Prompt Area의 End Point에 0,0,432,0을 입력하고 Enter를 누른다. Prompt Area에서 OK를 클릭한다.

51

그림과 같이 Pipe_Impacting이 두께
높이만큼 이동된다.

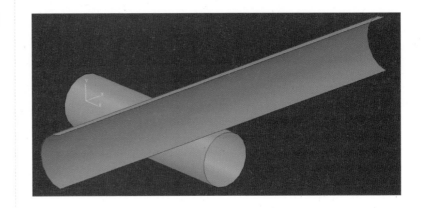

52

Pull down menu의 Tools〉Reference
Point를 선택한다.

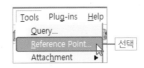

53

그림과 같은 Point를 선택한다.

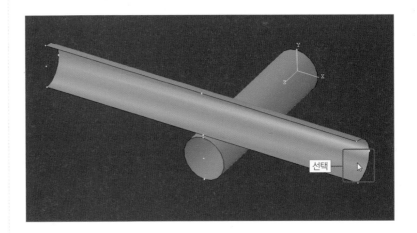

54

그림과 같이 RP−1이라는 표시가 생성
된다.

55

Module〉Step을 선택한다.

56

Create Step 아이콘을 클릭한다.

57

Name에 Pipe_Impacting을 입력한다. Dynamic, Explicit를 선택한 후 Continue를 클릭한다.

58

Basic 탭의 Time period: 0.015를 입력하고 OK를 클릭한다.

59

Module〉Interaction을 선택한다.

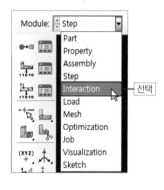

60

Create Interaction Property 아이콘을 선택한다.

61

Contact를 선택하고 Continue를 클릭
한다.

62

Edit contact Property 창에서 Mecha
nical〉Tangential Behavior를 선택
한다.

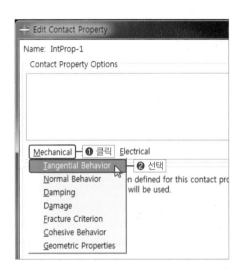

63

Friction formulation에서 Penalty를 선
택한다.

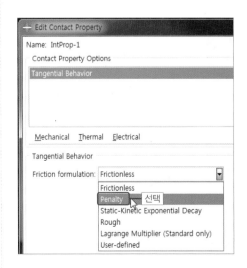

64

Friction Coeff에 0.2를 입력하고 OK를
클릭한다.

65

Create Interaction 아이콘을 선택한다.

66

Create Interaction에서 Proced를 Initial
로 선택한다.

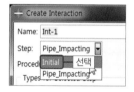

67

Type에서 General contact를 선택하고
Continue를 클릭한다.

68

Global property assignment>IntProp
−1을 선택한 후 OK를 클릭한다.

69

Create Constraint 아이콘을 선택한다.

70

Type>Rigid body를 선택하고 Continue
를 클릭한다.

71

Region type〉Tie를 선택하고 Edit 아이
콘을 선택한다.

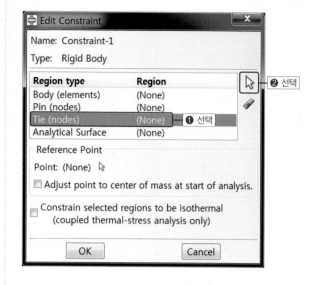

72

Pipe_Impacting의 edge를 그림과 같
이 선택한 후 Prompt Area에서 Done
을 클릭한다.

73

Reference Point에서 Edit 버튼을 클릭
한다.

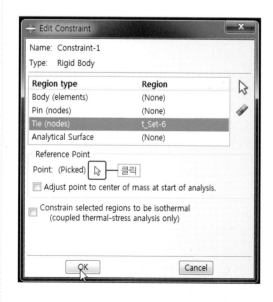

74

그림과 같이 RP-1을 선택한다.

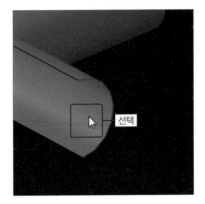

75

OK를 클릭한다.

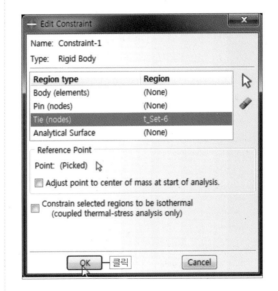

76

Module〉Load를 선택한다.

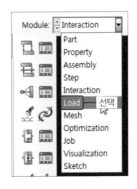

77

Create boundary Condition 아이콘을
클릭한다.

78

다음과 같이 설정한 후 Continue를 클
릭한다.

79

그림과 같이 Fix_Pipe의 Edge를 선택
한 후 Done을 클릭한다.

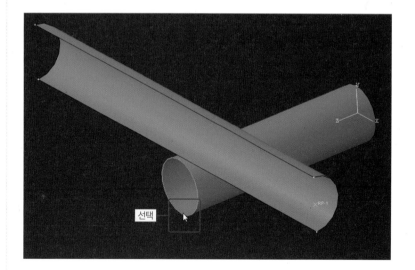

80

ZSYMM을 선택하고 OK를 클릭한다.

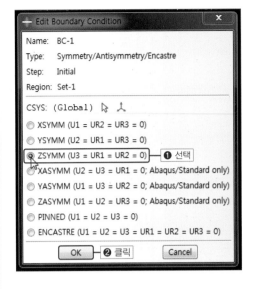

81

Create boundary condition 아이콘을
클릭한다.

82

그림과 같이 설정한 후 Continue를 클
릭한다.

83

Shift 키를 이용하여 Pipe_Impacting의
edge 2개를 선택한 후 Done을 클릭
한다.

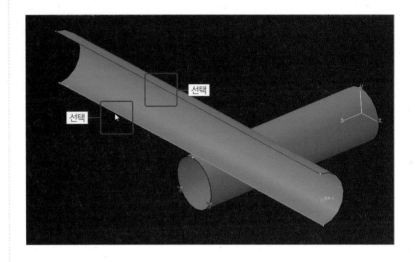

84

ZSYMM을 선택하고 OK를 클릭한다.

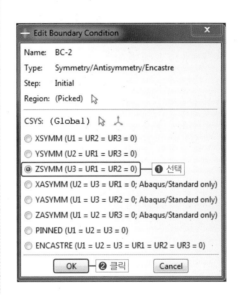

85

Create boundary condition 아이콘을
클릭한다.

86

그림과 같이 설정한 후 Continue를 클릭한다.

87

그림과 같이 Fix_Pipe의 edge를 선택한 후 Done을 클릭한다.

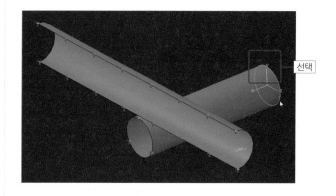

88

ENCASTRE를 선택하고 OK를 클릭한다.

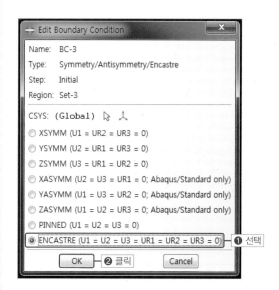

89

Create boundary condition 아이콘을
클릭한다.

90

다음과 같이 설정한 후 Continue를 클
릭한다.

91

Pipe_Impacting의 RP-1을 선택한 후
Done을 클릭한다.

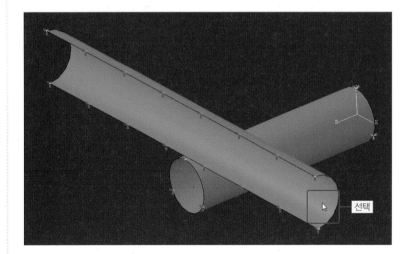

92

PINNED를 선택하고 OK를 클릭한다.

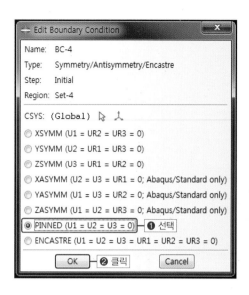

93

Create predefined field 아이콘을 클릭
한다.

94

그림과 같이 설정한 후 Continue를 클
릭한다.

95

그림과 같이 Pipe_Impacting을 선택한
후 Done을 클릭한다.

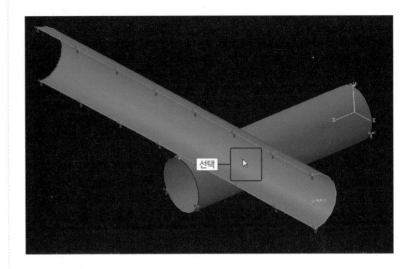

96

Definition 탭에서 Rotational only를 선
택한다.

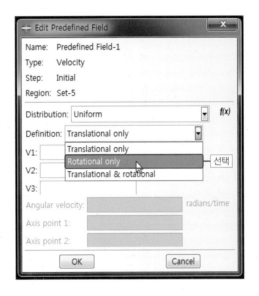

97

Angular velocity에 75를 입력한다.

98

Query Information 아이콘( )을 클릭하고 General Queries에서 Point/Node를 선택한다.

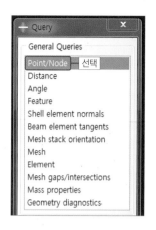

99

Pipe_Impacting의 Point를 선택한 후 Done을 클릭한다.

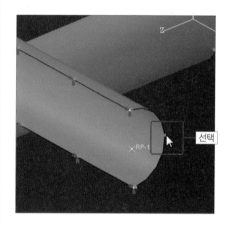

100

Message Area에 선택한 Point의 좌표가 나타난다.

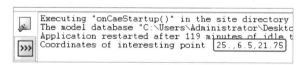

101

Query에 Point/Node가 선택되어 있는지 확인한다.

102

RP-1을 선택한 후 Done을 클릭한다.

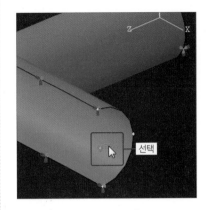

103

Message Area에 선택한 Point의 좌표
가 나타난다.

```
Executing "onCaeStartup()" in the site directory .
The model database "C:\Users\Administrator\Desktop
Application restarted after 119 minutes of idle ti:
Coordinates of interesting point :25. 6.5 21.75
Coordinates of reference point 6  25.,6.5,25.
```

104

Axis point 1에 첫 번째 선택한 좌표 값
을 입력한다.

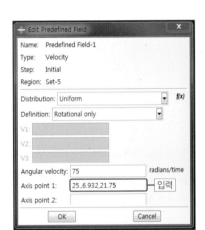

105

Axis point 2에 두 번째 선택한 좌표 값
을 입력하고, OK를 클릭한다.

106

Module>Mesh를 선택한다.

107

Part에서 Pipe_Fixed를 선택한다.

108

Seed Part 아이콘을 선택한다.

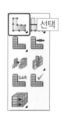

109

Approximate global size에 1을 입력하고 Apply를 클릭한다.

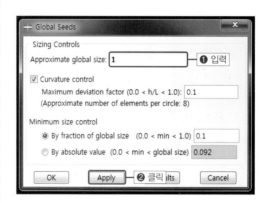

110

Mesh Part 아이콘을 클릭한다.

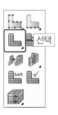

111

Prompt Area에서 Yes 아이콘을 클릭한다.

112

Mesh가 생성된다.

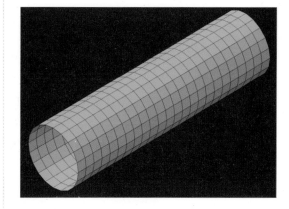

113

Pipe_Impacting을 선택한다.

114

Seed Part 아이콘을 선택한다.

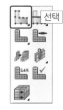

115

Approximate global size에 1을 입력하고 Apply를 클릭한다.

116

Mesh Part 아이콘을 클릭한다.

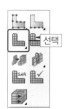

117

Prompt Area에서 Yes 아이콘을 클릭
한다.

118

Mesh가 생성된다.

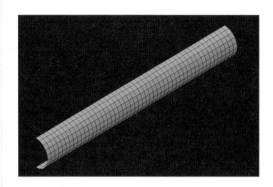

119

Module>Job을 선택한다.

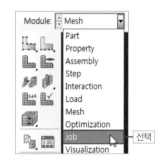

120

Create Job 아이콘을 선택한다.

121

Name에 Pipe를 입력하고 Continue를
클릭한다.

122

Submission 탭은 Default로 지정한다.

123

Parallelization 탭에서 원하는 CPU 개수를 지정하고 OK를 클릭한다.

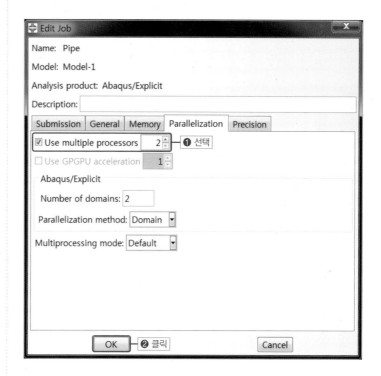

124

Job Manager 아이콘을 클릭한다.

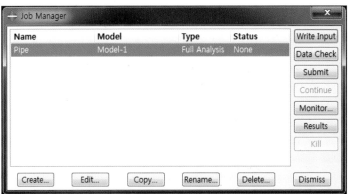

125

Submit을 클릭한다.

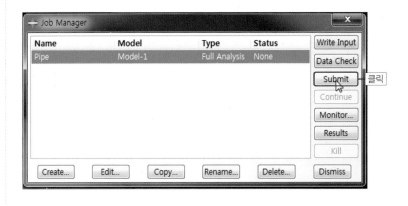

126

Monitor를 클릭한다.

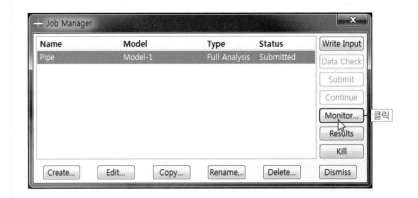

127

Monitor에서 Completed된 것을 확인
한다. Dismiss를 클릭하여 창을 닫는다.

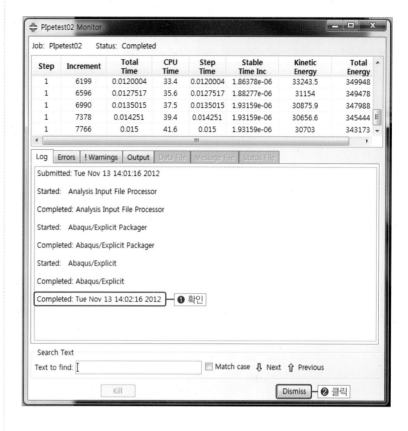

128

Job Manager에서 Results를 클릭한다.

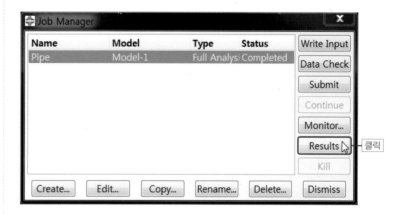

129

Plot Contours on Deformed Shape 아

이콘( )을 클릭한다.

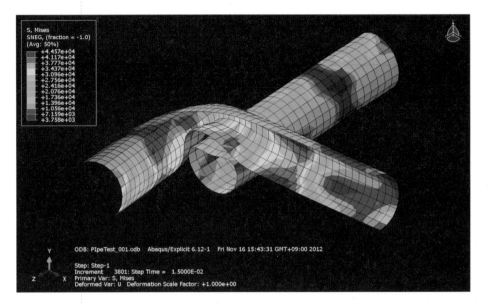

CHAPTER 09

Composite Analysis

BRIEF SUMMARY

이 장에서는 복합재료 모델의 해석을 진행할 때 설정해야 할 재료, Section, 좌표시스템, Output 설정 등을 예제를 통해 이해할 수 있도록 한다. Composite Material(복합재료)는 두 가지 이상의 서로 다른 성질의 물질이 거시적(Macroscopic)으로 혼합되어 유용한 물질이 된 것을 가리킨다. 대표적인 예로는 유리섬유와 수지를 복합시킨 유리섬유 강화 플라스틱을 들 수 있다. 또한 탄소섬유와 에폭시수지, 페놀수지 등을 결합시킨 탄소섬유 계통의 복합재도 폭넓게 사용되고 있다. 이러한 복합재료는 항공기와 같이 가벼우면서도 강한 성질이 요구되는 구조물에 많이 사용되고 있으며 최근 대두되고 있는 풍력발전기용 블레이드에서도 많이 사용되고 있다.

본 교재에서는 Abaqus를 활용한 Composite Analysis의 과정을 정리하였고 각 과정에 대한 설명을 추가하여 Abaqus Composite Analysis를 시작하는 User에 대하여 최대한 쉽게 이해를 할 수 있도록 구성하였다.

복합재료는 일반 구조해석에서 주로 확인하는 von Mises stress와 같은 등가응력보다는 Tsai-Wu, Tsai-Hill과 같은 여러 가지 파손이론과 관련된 결과를 확인하여 안정성을 검증한다.

CHAPTER
•••
PREVIEW

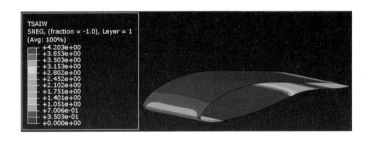

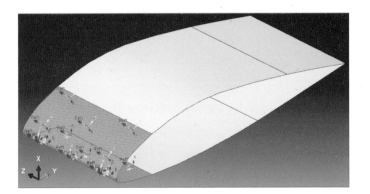

CHAPTER

09

Composite Analysis

■ ■ **시작파일** : Example_File → Ch09_Composite → Start → Composite_Manual_Example.igs

■ ■ **완료파일** : Example_File → Ch09_Composite → Complete → Example.cae

01

Model Tree의 Parts에서 마우스 오른쪽 버튼을 클릭하여 나타난 Pop-up 메뉴에서 Import를 클릭한다.

02

Import Part 창에서 File Filter를 IGES로 선택한다. 그리고 Composite_Manual_Example.igs 파일을 선택하고 OK를 클릭하여 예제 파일을 Open한다.

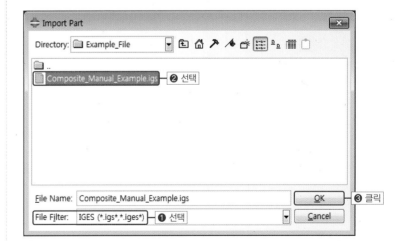

03

Create Part from IGES File 창에서
Topology를 Shell로 Check하고 OK를
클릭한다.

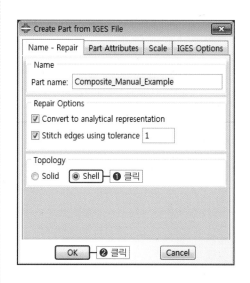

04

다음과 같이 Warning 메시지가 나타
나는 경우는 추가적으로 Geometry
Edit를 수행해야 한다는 의미이다.
Dismiss 버튼을 클릭하여 Part Import
를 완료한다.

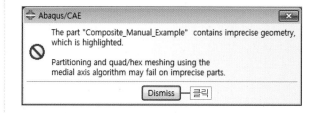

05

다음과 같이 예제 모델이 Import된다.

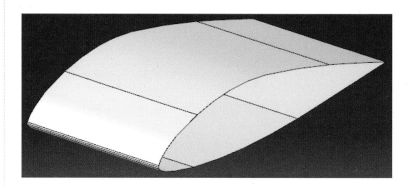

06

풍력발전기용 블레이드는 다음 그림
과 같이 위치와 복합재료의 적층 구성
에 따라 많은 Section으로 구분된다. 본
교재에서는 임의의 5개의 Section으로
구분하여 복합재료 적층을 설정하도록
한다.

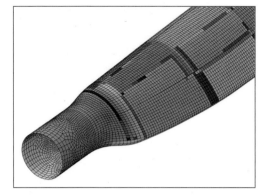

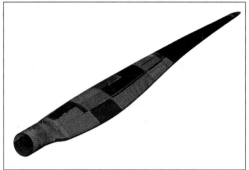

07

적층 영역을 설정하기 위해 Geometry
Set을 설정한다. Model Tree Sets에서
마우스 오른쪽 버튼을 클릭하여 나타난
Pop-up 메뉴에서 Create를 클릭한다.

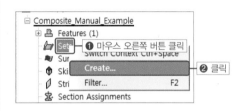

08

Create Set 창에서 임의의 Set Name을
그림과 같이 입력하고 Continue 버튼
을 클릭한다.

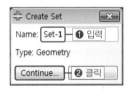

09

다음과 같이 Surface를 선택하고 마우
스 휠 버튼이나 Prompt area의 Done
버튼을 클릭한다.

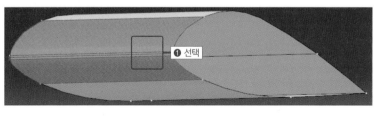

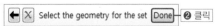

10

앞의 7~9의 과정을 반복하여 다음과
같이 나머지 4개의 Set를 설정한다.

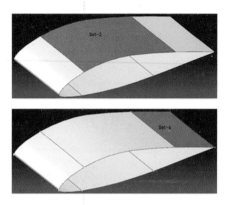
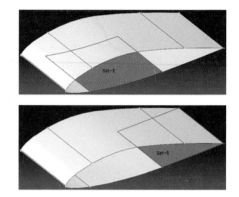

11

Mesh를 생성하기 위해 Model Tree의
Mesh(Empty)를 더블클릭한다.

12

Seed Part 아이콘( )을 클릭하여 나타
난 Global Seeds 창에서 Approximate
global size field에 20을 입력하고 OK
를 클릭한다.

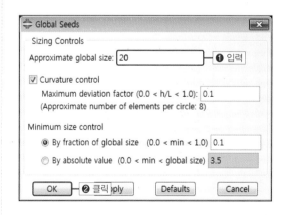

Tip

Approximate global size는 선택한 모델 전체의 Mesh size를 입력한 값에 따라 설정하게 되고 Curvature control은 곡률이 큰 부분에 부분적으로 Mesh size를 설정하게 된다. 예를 들어 0.1을 입력하는 경우 Global size의 10% 정도의 크기로 설정하게 되는데 본 예제의 경우 Global size의 20의 10%인 약 2의 크기로 곡률의 Mesh size를 설정하게 된다. Minimum size control의 경우 Geometry 형상에 따라 불가피하게 Global size보다 Mesh size를 작게 설정해야 하는 경우가 있는데 이때의 최소한의 size를 설정하게 된다. By fraction of global size는 Global size에 대한 비율로 설정하며, By absolute value는 직접 최소 사이즈 값을 입력한다.

13

Mesh Part 아이콘()을 클릭하고 Prompt area의 Yes 버튼을 클릭하여 Mesh 생성을 완료한다.

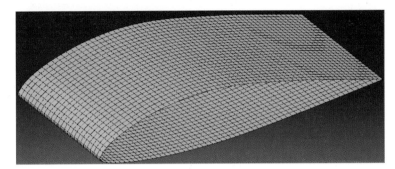

14

Create Material 아이콘()을 클릭하여 나타난 Edit Material 창에서 Name에 UD를 입력하고 Meterial Behaviors은 Density를 선택한 후, Density는 1.907E−9를 입력한다. Elastic의 Type은 Lamina를 선택하고 E1=37774, E2=10918, Nu12=0.26, G12=3323.1, G13=3323.1, G23= 3920을 입력한다.

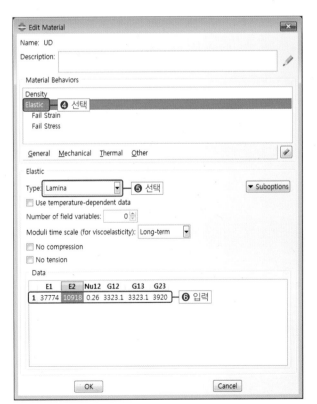

복합재료에 대한 물성을 고려하는 경우는 Elastic의 Type을 Lamina로 설정한다. 이는 Shell 요소를 이용하여 Plane Stress인 경우를 고려할 때 사용하며 Solid 요소를 이용하는 경우는 Type을 Engineering Constants를 선택하여 E3, Nu13, Nu23을 추가로 입력해야 한다.

복합재료는 등방성 물질이 아니므로 일반적인 등방성 물질에 대한 파손이론의 적용이 불가능하다.
따라서 많은 파손이론들이 섬유강화 복합재료에 사용될 수 있도록 제안되었으며 그중 대표적인 것이 Tsai-Wu 파손이론이다.
Tsai-Wu 파손이론의 대략적인 정리는 다음과 같다.

Tsai와 Wu는 응력장(Stress Space) 내에서 파손면(Failure Surface)이 다음과 같은 형태로 존재한다고 가정한다.

$$F_i\sigma_i + F_{ij}\sigma_i\sigma_j = 1 \qquad (i,j=1,\cdots,6) \quad\text{.................................} \quad (1)$$

F_i : 2차 강도 텐서(Second Rank Strength Tensor)
F_{ij} : 4차 강도 텐서(Fourth Rank Strength Tensor)

$$\sigma_4 = \tau_{23}, \sigma_5 = \tau_{31}, \sigma_6 = \tau_{12}$$

식 (1)을 평면응력(Plane Stress)인 경우에 대하여 나타내면

$$F_1\sigma_1 + F_2\sigma_2 + F_6\sigma_6 + F_{11}\sigma_1^2 + F_{22}\sigma_2^2 + F_{66}\sigma_6^2 + 2F_{12}\sigma_1\sigma_2 = 1 \quad\text{...............................} \quad (2)$$

식 (2)의 좌변은 파손지수(Failure Index)라고 불리며, 좌변이 1과 같거나 큰 경우 파손이 발생한다고 판단한다.
Abaqus에서는 이 Tsai-Wu Failure Index를 판단할 수 있는 Output Request를 제공하며 이에 대한 설정방법은 뒤에서 다시 설명한다.

15

앞에서 설명한 파손 여부를 판단하기 위해서는 Abaqus에서 Material의 Fail Stress와 Fail Strain 값을 추가로 입력해야 한다. 이를 위해 Elastic의 Sub options를 Fail Stress로 설정한다.

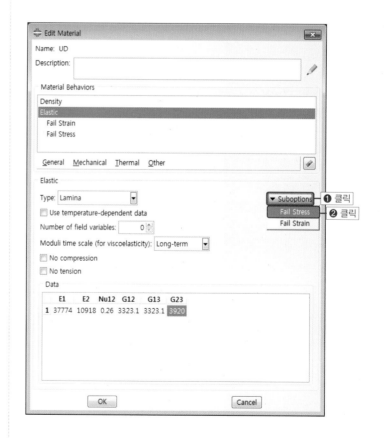

16

다음과 같이 755, −585, 35, −130, 41, 0, 0을 차례로 입력하고 OK를 클릭한다.

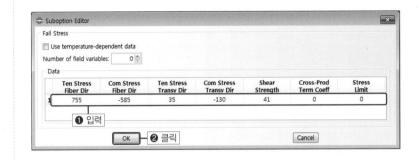

• Ten Stress Fiber Dir : 섬유방향으로의 허용인장응력
• Com Stress Fiber Dir : 섬유방향으로의 허용압축응력
• Ten Stress Transv Dir : 전단방향으로의 허용인장응력
• Com Stress Transv Dir : 전단방향으로의 허용압축응력
• Shear Strength : 전단 강도
• Stress Limit : 최대전단응력
• Cross−Prod Term Coeff와 Stress Limit는 값을 알지 못하는 경우 0으로 입력한다.

17

Fail Stress와 동일한 방법으로 Sub options의 Fail Strain에서 다음과 같이 0.0197, −0.0146, 0.025, −0.025, 0.11을 차례로 입력하고 OK를 클릭한다.

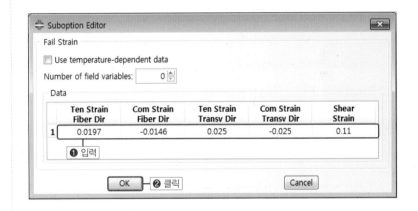

• Ten Strain Fiber Dir : 섬유방향으로의 허용인장변형률
• Com Strain Fiber Dir : 섬유방향으로의 허용압축변형률
• Ten Strain Transv Dir : 전단방향으로의 허용인장변형률
• Com Strain Transv Dir : 전단방향으로의 허용압축변형률
• Shear Strain : 전단 변형률

18

위의 14~17의 과정을 반복하여 Name
을 BX로 하고 다음 표와 같이 재료 물
성 값을 입력한다.

Density	E1	E2	Nu12	G12	G13	G23
1.9E−9	10988	10988	0.55	3100	3100	3920
Ten Stress Fiber Dir	Com Stress Fiber Dir	Ten Stress Transv Dir	Com Stress Transv Dir	Shear Strength	Cross-prod Term Coeff	Stress Limit
108	−129	128	−146	40	0	0
Ten Strain Fiber Dir	Com Strain Fiber Dir	Ten Strain Transv Dir	Com Strain Transv Dir	Shear Strain		
0.1189	−0.0261	0.1189	−0.0261	0.11		

19

Create Material 아이콘( )을 클릭하
여 나타난 Edit Material
창에서 Name에 EPOXY
를 입력하고 Mass Density
에는 1.15E−009를 입력
한다. Elastic의 Young's
Modulus는 3000을 입력
하고 Poisson's Ratio에는
0.3을 입력한 후 OK를
클릭하여 Material 생성을
완료한다.

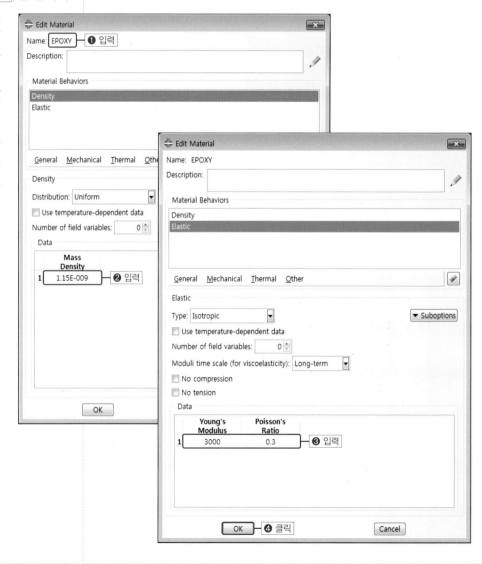

20

복합재 적층에 대한 설정을 하기 위해
Create Composite Layup 아이콘(▣)
을 클릭한 후 다음 그림과 같이 Initial
plycount는 기본 값인 3으로 설정하고
Element Type은 Conventional Shell을
선택한 후 Continue 버튼을 클릭한다.

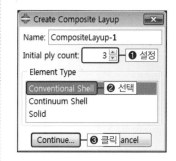

21

Edit Composite Layup 창은 다음과 같다.

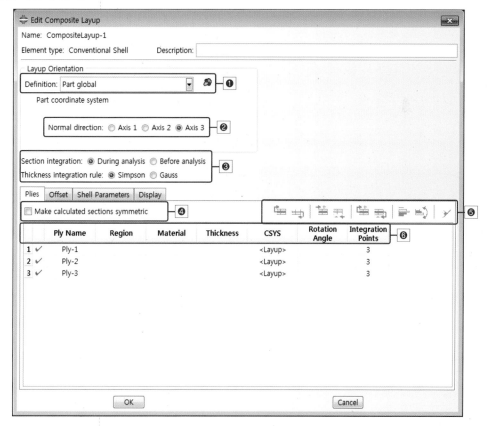

❶ Layup Orientation을 설정한다. Part global을 이용하여 Shell의 Orientation을 사용하거나 임의의 Coordinate System을 설정할 수 있다.

❷ Orientation이 설정된 상태에서 Layup의 Normal 방향을 설정한다.

❸ Thickness integration rule은 Simpson과 Gauss 중 선택한다. 이는 결과 값을 읽는 Section point와 관련이 있는데 기본 값은 Simpson을 사용하는 경우 3개, Gauss를 사용하는 경우는 2개이다.
일반적인 Shell section의 경우 각 layer당 Output은 3개의 section point에서 구할 수 있는데 기본적으로 Simpson을 설정하고 Integration Point는 Ply당 3개를 Default로 설정한다.

❹ Make calculated sections symmetric은 현재 설정된 Ply의 마지막 Ply를 기준으로 대칭으로 Ply를 추가한다. 이는 보통의 복합재 적층 판의 경우 중심의 Core를 기준으로 대칭으로 구성되기 때문에 이 옵션은 상당히 편리한 기능이다.

❺ 적층판의 순서나 추가 또는 제거할 수 있는 기능을 제공한다.

❻ Ply의 이름과 Section 선택, Ply 재료, 두께, 적층각 등을 설정한다.

복합재료는 제조나 성형방법에 따라 여러 가지가 있다. 그중 대표적인 방법은 다음 그림과 같이 Molding을 이용하여 섬유나 코어 등을 씌우는 방법이다. 따라서 풍력발전기용 블레이드의 경우 외곽 부분부터 Ply를 적층하게 되는데 이를 고려하기 위해 Abaqus나 여러 상용유한요소해석 툴에서는 Geometry를 최 외곽 Surface로 추출해야 하며 Surface의 Normal 방향을 블레이드의 내부로 향하도록 설정해야 한다.

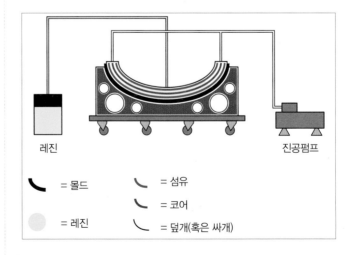

레진　　　　　　　　　　　　　　　　　　　　　진공펌프

= 몰드　　　　= 섬유

= 레진　　　　= 코어

　　　　　　　= 덮개(혹은 싸개)

22

Edit Composite Layup 창에서 가운데 Offset tab을 클릭하고 Shell Reference Surface and Offset에 Specify offset ratio field에 −0.5를 입력한다.

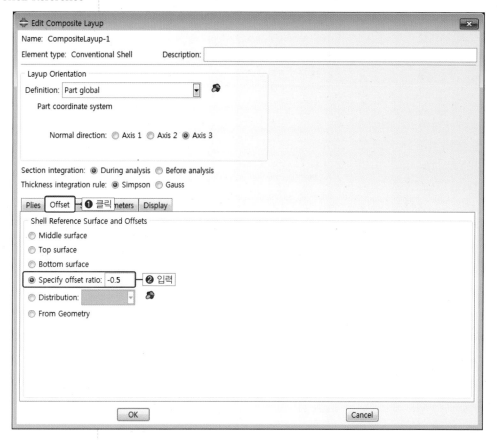

Tip◆

Shell Reference Surface and Offsets은 Ply 적층을 위한 참조 Surface의 위치를 설정한다. Middle surface로 설정하면 현재 Surface가 Mid surface로 설정되어 Ply 가 적층되게 되고 Top surface로 설정하는 경우 현재 Surface가 Top surface로 설정된다. 일반적인 Shell Section Assignment의 개념으로 이해하면 된다. Specify offset ratio는 0일 경우 Mid surface와 동일한 설정이 되며 예제와 같이 Normal 방향이 Surface 안쪽으로 설정된 경우 −0.5를 입력하면 Surface가 최 외곽으로 설정되어 안쪽으로 적층된다. 가장 일반적으로 이 Specify offset ratio를 −0.5로 설정하여 사용하는 것을 추천한다.

23

다시 Plies tab으로 가서 먼저 적층할 Section을 정의한다. 보통 하나의 Layup에 하나의 Section을 적용하므로 다음 그림과 같이 Region에서 마우스 오른쪽 버튼을 클릭한 후 나타난 Pop-up 메뉴에서 Edit Region을 클릭하거나 키보드 단축키 Alt+E를 입력한다.

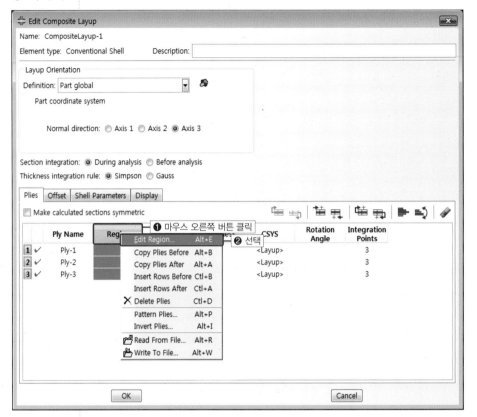

24

Prompt area의 Sets 버튼을 클릭하고, 나타난 Region Selection 창에서 Set-1을 선택한 후, Continue 버튼을 클릭한다.

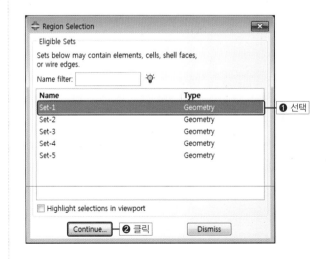

25

Ply-1의 Material 탭에서 마우스 오른
쪽 버튼을 클릭한 후 Edit Material을
클릭하거나 키보드 단축
키 Alt+E를 입력한다.

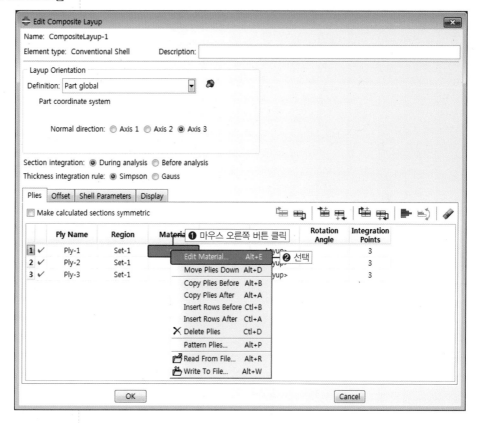

26

Select Material 창에서 Material의 BX를
선택하고 OK를 클릭한다.

27

위의 26과 동일한 방법으로 Ply-2는 EPOXY, Ply-3은 UD를 설정한다.

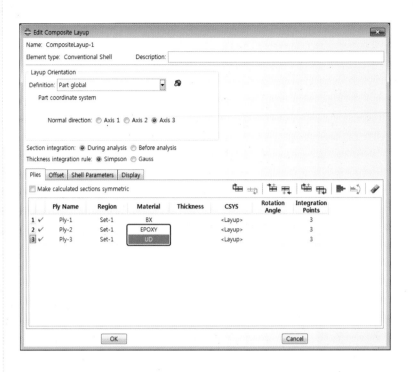

28

Thickness는 다음 그림과 같이 1, 10, 1을 입력한다. Material의 Unit을 mm로 설정하였기 때문에 각 Ply의 두께는 1mm, 10mm, 1mm로 Layup의 총 두께는 12mm가 된다.

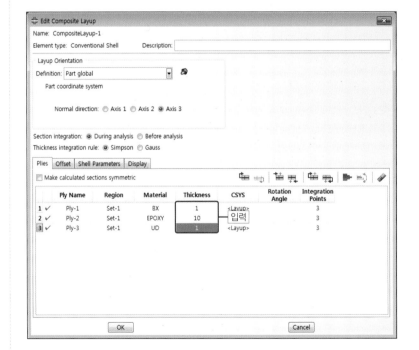

29

Rotation Angle은 다음 그림과 같이
90, 45, 0을 입력한다.

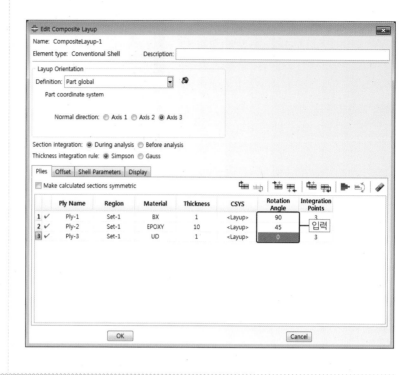

BX(Biaxial)는 1방향과 2방향 모두 재료 물성이 동일하기 때문에 Rotation Angle은 의미가 없다. 따라서 임의로 값을 입력한다. EPOXY는 등방성 재질을 적용하였기 때문에 마찬가지로 Rotation Angle은 의미가 없다. UD(Uniaxial)의 경우는 1방향과 2방향의 재료 물성이 다른데 블레이드의 경우 보통 블레이드 축 중심에서 끝부분을 가리키는 방향으로 적층하게 된다. 따라서 각도를 항상 0으로 입력한다.

30

Normal direction을 설정한다. 본 예제에서는 Axis 2로 설정한다. Axis 1, 2, 3 중에 원하는 Coordinate가 설정되지 않는다면 임의로 Coordinate System을 생성하여 설정한다.

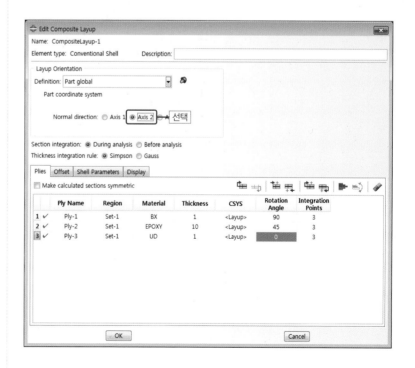

다음과 같이 Viewport에서 Global 좌표계와 Layup의 Local 좌표계를 확인할 수 있다. 반드시 다음과 같이 설정할 필요는 없으나 블레이드의 경우 통념적으로 Global 좌표계는 Uniaxial 방향을 Z축으로 설정하고 X, Y축은 그림과 같이 설정할 것을 권장한다.

Layup의 Lacal 좌표계의 경우도 붉은색의 n방향(Normal 방향)을 Surface의 Normal 방향으로 설정하고 푸른색의 Ref1 방향(Reference 방향, Rotation Angle의 기준 축이 된다.)을 Global 좌표계의 Z축 방향과 일치시킨다. 노란색의 2방향은 그림과 같이 Layup의 Tangential 방향으로 설정한다.

31

Edit Composite Layup의 OK를 클릭하고 Viewport에서 다음과 같이 Composite Section 정의를 확인한다.

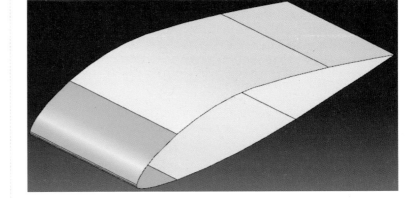

32

나머지 Set-2 ~ Set-5도 위의 22~31 과정을 반복하여 동일하게 설정한 후 다음과 같이 모든 Set의 Composite Section 정의를 확인한다.

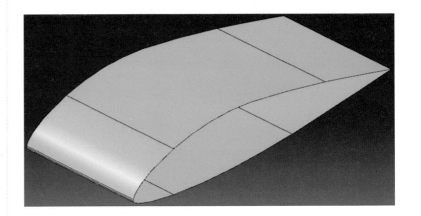

33

Menu bar의 View에서 Part Display Options를 클릭한다.

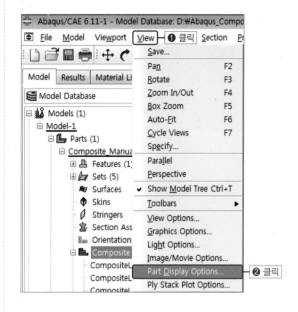

34

다음 그림과 같이 Idealizations의 Render shell thickness를 Check on하고 Scale factor는 1로 설정한 후 OK 버튼을 클릭한다.

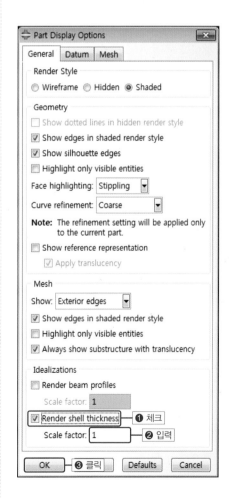

다음과 같이 각 Section에 대한 두께 적용 여부 및 두께 적용 방향을 확인할 수 있다. Composite Layup에서 offset 값을 −0.5를 입력하였기 때문에 최 외곽 Surface로부터 안쪽으로 두께가 적용된 것을 확인할 수 있다.

35

Query Information 아이콘(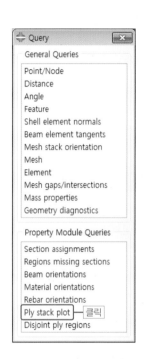)을 클릭한 후 나타난 Query 창에서 Property Module Queries의 Ply stack plot을 클릭하면 그림과 같이 새 Viewport 창이 생성된다.

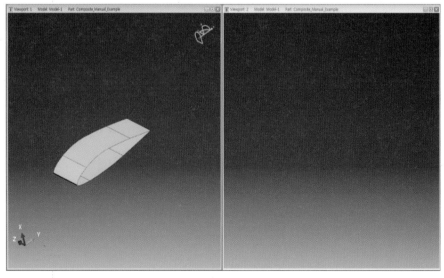

36

왼쪽의 Model-1 viewport에서 다음
과 같이 Surface를 선택하면 오른쪽
Viewport에 해당 Surface의 Ply name
과 두께, 적층 각도를 확인할 수 있다.

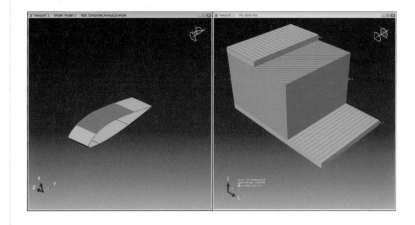

37

Model Tree의 Assembly module에서
Instances를 선택한 후 마우스 오른쪽
버튼을 클릭하고 나타난 Pop-up 메
뉴에서 Create를 클릭한다.

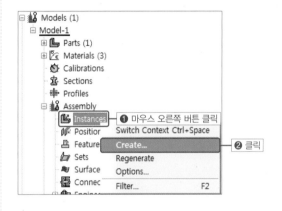

38

Create Instance 창에서 다음과 같이 내
용을 확인한 후 OK를 클릭한다.

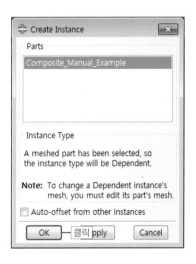

39

Step을 생성하기 위해 Model Tree의 Steps에서 마우스 오른쪽 버튼을 클릭한 후 나타난 Pop-up 메뉴에서 Create를 클릭한다.

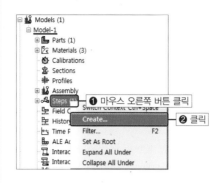

40

Create Step 창에서 Procedure type을 General로 설정하고 Static, General을 선택하고 Continue 버튼을 클릭한다.

41

Edit Step 창의 Incrementation tab에서 Initial Increment size의 Initial에 0.1을 입력하고 OK를 클릭한다.

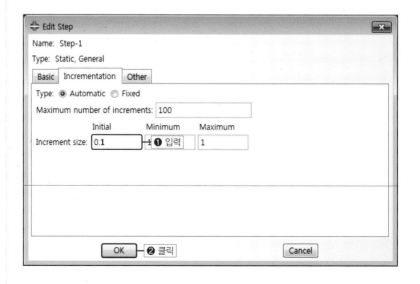

42

앞에서 설명한 Tsai—Wu 파손지수를
판단하기 위해서는 Output Request
를 추가로 설정하여야 한다. 다음 그
림과 같이 Model Tree의 Field Output
Requests에서 마우스 오른쪽 버튼을
클릭한 후 나타난 Pop—up 메뉴에서
Create를 클릭한다.

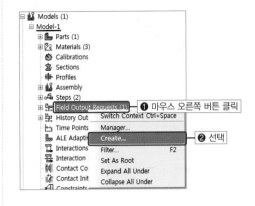

43

다음 그림과 같이 Create Field 창에서
Continue 버튼을 클릭한다.

44

Edit Field Output Request에서 Do
main을 Composite layup : Compo
Manual_Example—1.Composite
Layup—1으로 선택하고 Output Vari
ables에서 Failure/Fracture의 CFAILURE,
Failure measure components를 Check
on한다. Output at Section Points에서
All section points in all piles를 선택하
고 OK를 클릭한다.

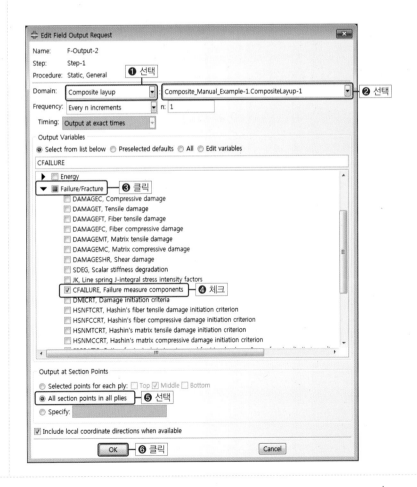

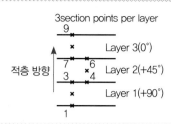

위와 같이 하나의 Output Request는 하나의 Composite Layup에만 적용이 가능하다. CFAILURE를 선택하면 Output 에서 TSAIW나 또 하나의 파손지수인 TSAIGH(Tsai-Hill)을 확인할 수 있으며 Output at Section Points에서는 All section points in all plies를 선택하여 모든 Ply의 Section Point에서 결과를 확인할 수 있도록 설정하여야 한다. Specify를 선택하는 경우 Field에 오른쪽 그림과 같이 정의된 Section point를 참고하여 확인하고자 하는 Section Point의 Number를 입력한다.

45

위의 42~44의 과정을 반복하여 나머지 Composite Layup에 대해서 Field Output Request를 생성한다. History Output을 보고자 하는 경우 Field Output과 동일한 방법으로 생성할 수 있다.

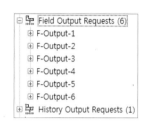

46

Model Tree의 Loads를 더블클릭한 후 나타난 Create Load 창에서 Mechanical Category의 Pressure를 선택한 후 Continue 버튼을 클릭한다.

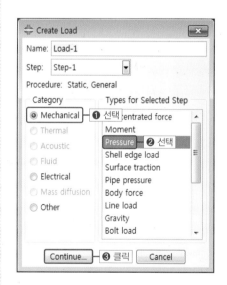

47

그림과 같이 Surface를 선택하고 마우스 휠 버튼이나 Prompt area의 Done 버튼을 클릭한다.

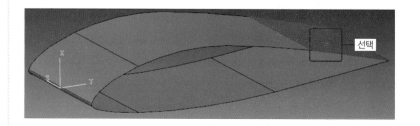

48

Prompt area에서 Purple 버튼을 클릭한다.

49

Edit Load 창에서 Magnitude field에 0.1을 입력하고 OK를 클릭한다. 본 예제에서는 압력이나 응력 단위를 MPa로 나타내었기 때문에 입력한 압력 값은 0.1MPa이 된다.

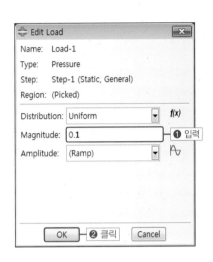

50

Model Tree의 BCs를 더블클릭한 후 나타난 Create Boundary Condition 창에서 Mechanical Category의 Symmetry/Antisymmetry/Encastre를 선택한 후 Continue 버튼을 클릭한다.

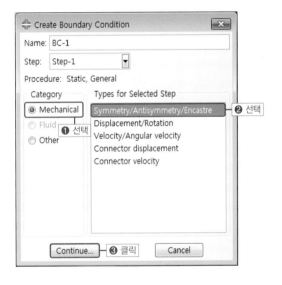

51

그림과 같이 Surface를 선택한 후 마우스 휠 버튼이나 Prompt area의 Done 버튼을 클릭한다.

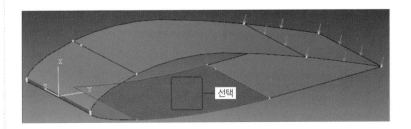

52

Edit Boundary Condition 창에서 ENCASTRE를 선택한 후 OK를 클릭한다.

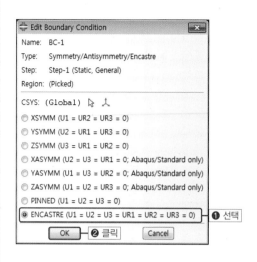

53

Model Tree의 Jobs를 더블클릭한 후 나타난 Create Job 창에서 Continue 버튼을 클릭한다.

54

Edit Job 창의 Parallelization 탭에서 사용할 수 있는 User PC의 CPU Core 개수를 설정한 후 OK를 클릭한다.

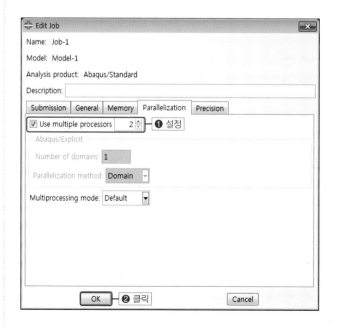

55

Job Manager 아이콘(▦)을 클릭한 후
나타난 Job Manager 창에서 Job-1을
선택한 후 Submit 버튼을 클릭하여 해
석을 수행한다.

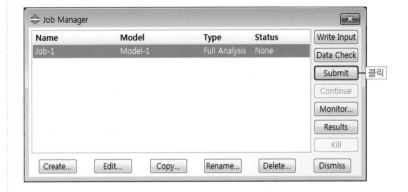

56

Job Manager 창에서 Status가 Com
pleted가 되면 Results 버튼을 클릭
한다.

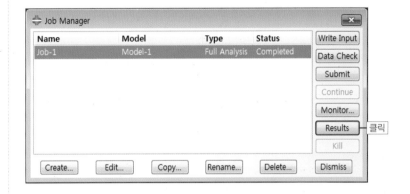

57

Plot Contours on Deformed Shape 아
이콘(🔧)을 클릭하면 기본적으로 S,
Mises가 Plot된다. 다음과 같이 Field
Output toolbar에서 TSAIW를 선택
한다.

58

결과를 확인한다. 본 예제의 경우 최
대값이 4.203으로 1보다 크므로 파손
이 발생함을 판단할 수 있다.

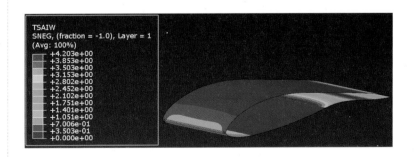

59

각 Section Point나 Ply별로 결과를 확
인하기 위해 Menu bar의 Result에서
Section Points를 선택한다.

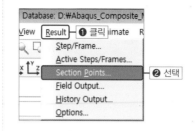

60

Section Points 창에서 Selection
method로 Categories를 선택한 후
Available Section Points in Cross-
section에서 확인하고자 하는 Section
Point를 더블클릭하여 Viewport에서
결과를 확인한다.

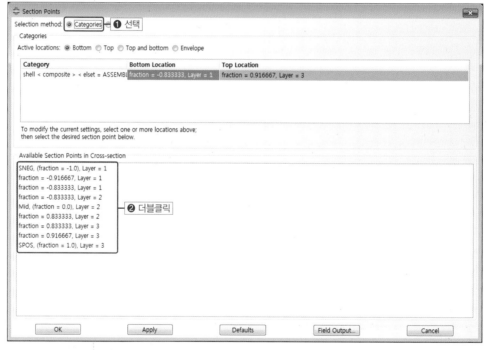

Tip

Available Section Points in Cross-section의 내용은 다음과 같다. 앞의 Composite Layup 설
정에서 각 Ply당 3개의 Section Point를 설정하였기 때문에 3개의 Ply의 Section Point 9개가 목
록에 표시된다. SNEG는 Surface의 Negative면의 Section Point이고 Mid는 모든 Ply의 Section
Point 중 가운데 있는 Section Point이며 SPOS는 Surface의 Positive면의 Section Point이다.
Fraction의 숫자는 각각의 Section Point의 상대적인 위치를 나타낸다. Fraction의 범위는 Mid
Section Point에 해당하는 0.0을 기준으로 상하로 각각 1.0, -1.0이다. 예를 들어 본 예제의 경
우 오른쪽 그림과 같이 Section Point 9의 Fraction이 1.0이고 Ply 두께 대비 Section Point 6, 7
의 Fraction은 0.8333이 된다.

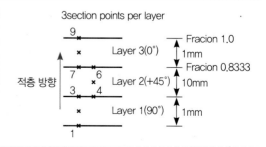

61

각 Ply별로 결과를 확인하고자 하는 경
우 Selection method를 Plies로 선택하
고 Plies에서 확인하고자 하는 Ply를 더
블클릭하여 Viewport에서 결과를 확
인한다.

Ply result location은 기본적으로 각 Ply의 중심 Section Point의 결과를 Plot한다. 만약 각 Ply의 가장 위나 아래의 Section Point를 확인하고자 한다면 Bottommost나
Topmost를 선택한다. 각 Ply당 Section Point의 수가 3개라면 Plies Selection method에서도 모든 Section Point의 결과를 확인 가능하나 예를 들어 5개인 경우는 2
번째와 4번째의 Section Point의 결과는 확인할 수 없다.

MEMO

CHAPTER **10**

Abaqus CFD

BRIEF SUMMARY

Abaqus에서는 물, 공기와 같은 유체의 유동을 해석할 수 있는 CFD 해석을 지원한다. 이 장에서는 Abaqus에서 CFD 해석을 수행하는 과정을 간단한 예제를 통해 실습하여 뒤에 학습하게 될 FSI 해석을 위한 기초를 다진다.

CHAPTER
●●●
PREVIEW

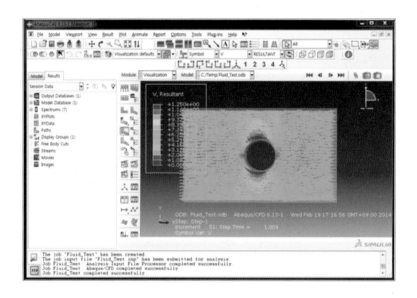

CHAPTER 10

Abaqus CFD

■ ■ 완료 파일 : Example_File → Ch10_CFD → Complete → Fluid_Complete.cae

01

Menu bar〉File〉New Model Database〉With CFD Model을 선택한다.

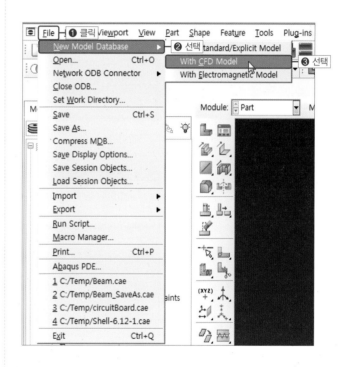

02

Model Tree에서 Parts를 더블클릭한다.

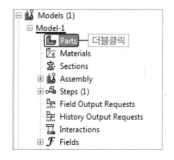

03

나타나는 Create Part 창에서 Continue
를 선택한다.

04

아래와 같이 2D Sketcher 평면으로 전
환된다.

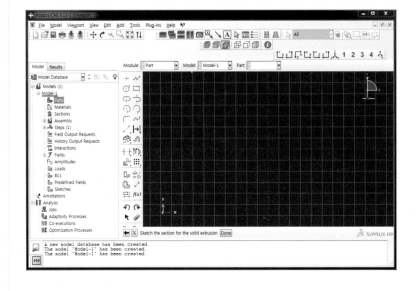

05

Create Lines : Rectangle 아이콘(▢)
을 선택한다.

06

Sketcher 면에서 원점이 사각형의 중앙에 위치하도록 사각형을 생성한다. Prompt Area에서 아래의 좌표를 차례로 입력하고 Enter를 누른다. Start Point (−50, 30)〉Enter Key〉End Point (50, −30)〉Enter Key

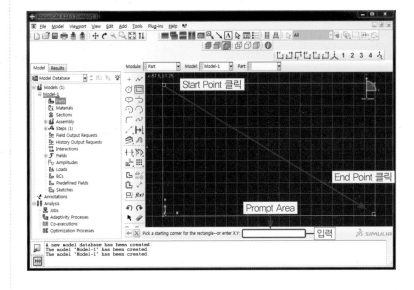

07

Create Circle : Center and Perimeter 아이콘(⌀)을 선택한다.

08

Prompt Area에서 (0,0)을 입력하고 Enter를 누른다.

09

Prompt Area에서 (10,0)을 입력하고 Enter 를 누른다.

10

Profile이 생성된다.

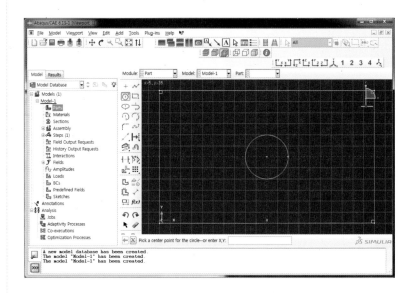

11

Create Circle : Center and Perimeter
아이콘(⊙)을 클릭하여 명령을 해제
한다.

12

Prompt Area에서 Done을 클릭한다.

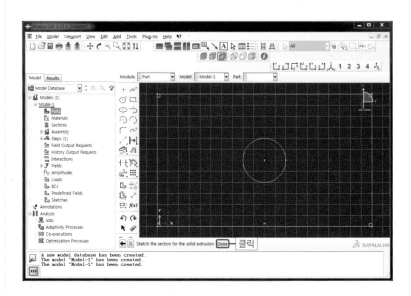

13

나타나는 Edit Base Extrusion 창에서 Depth에 20을 입력하고 OK를 클릭한다.

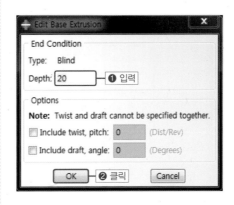

14

그림과 같이 CFD 해석을 위한 유동장 형상이 생성된다.

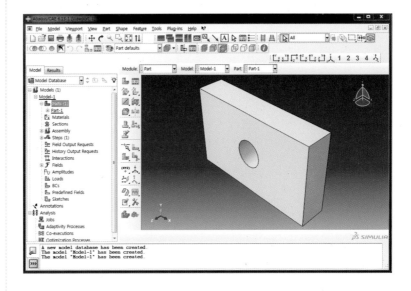

15

Model Tree의 Materials를 더블클릭한다.

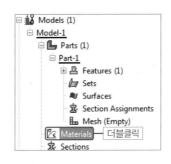

16

나타나는 Edit Material 창에서 General>Density를 차례로 선택한다.

17

Mass Density에 공기의 밀도 값 1.3을 입력한다.

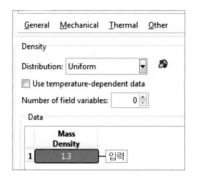

18

Edit Material 창에서 Mechanical>Viscosity를 차례로 선택한다.

19

Dynamic Viscosity 값으로 1.855e−5
를 입력한다.

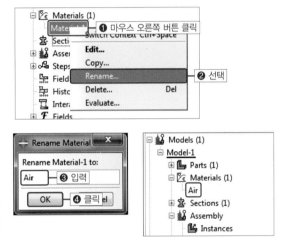

20

생성된 Material−1에서 오른쪽 마우
스를 클릭한다. 나타나는 메뉴에서
Rename을 선택하고, Air를 입력 후
OK를 클릭한다.

21

Model Tree의 Sections를 더블클릭
한다.

22

Homogeneous를 선택하고 Continue
를 클릭한다.

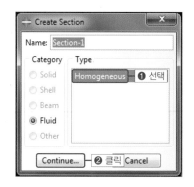

23

Air를 선택하고 OK를 클릭한다.

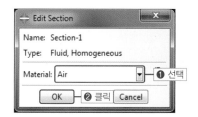

24

Model Tree의 Section Assignments를
더블클릭한다.

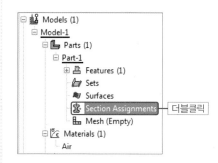

25

그림과 같이 유동장을 선택한다.

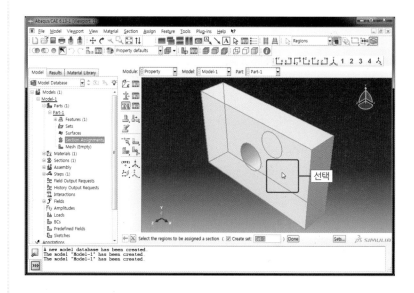

26

Prompt Area에서 Done을 클릭한다.

27

나타나는 Edit Section Assignment 창
에서 Section-1을 선택하고 OK를 클
릭한다.

28

Model Tree에서 Section Assignment가
등록되고 모델이 녹색으로 변경된다.

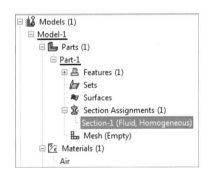

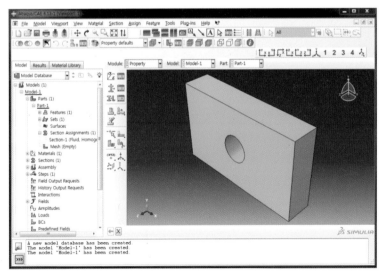

29

Model Tree의 Mesh(Empty)를 더블클릭한다.

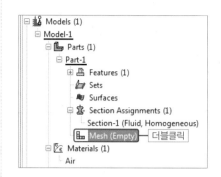

30

Mesh Module로 화면이 변경된다.

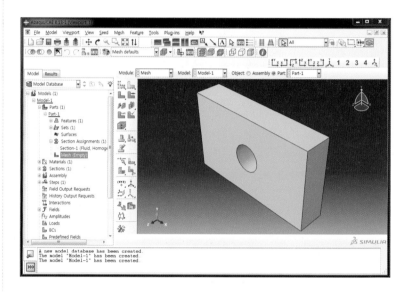

31

좌측 상단의 Seed Part 아이콘(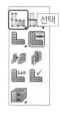)을 선택한다.

32

Approximate Global Size에 2를 입력하고 OK를 클릭한다.

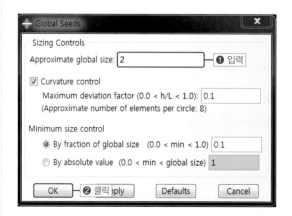

33

Prompt Area에서 Done을 클릭한다.

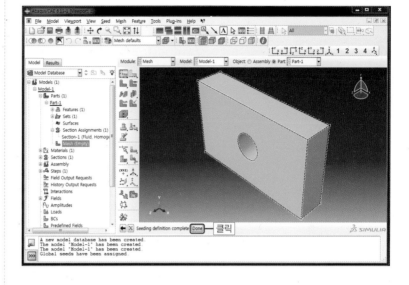

34

Assign Mesh Controls 아이콘(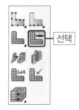)을
선택한다.

35

Mesh Controls 창에서 Element Shape
의 Tet을 선택하고 OK를 클릭한다.

36

Mesh Part 아이콘()을 선택한다.

37

Prompt Area에서 Yes를 선택한다.

38

아래 화면과 같이 유동장에 대한 유한
요소 모델이 생성된다.

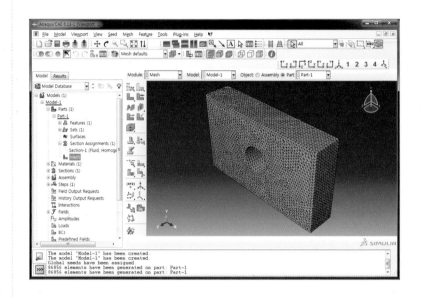

39

Model Tree의 Assembly〉Instances를
더블클릭한다.

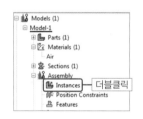

40

Create Instance 창에서 Part-1을 선택
하고 OK를 클릭한다.

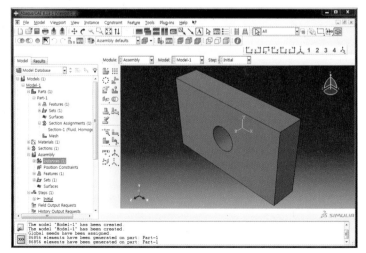

41

Model Tree의 Instances(1) 아래에
Parts-1-1이 생성된다.

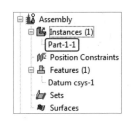

42

Model Tree의 Steps (1)을 더블클릭한다.

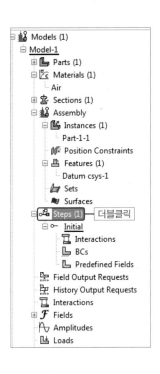

43

나타나는 Create Step 창의 Procedure
Type에서 Flow 확인하고 Continue를
클릭한다.

44

Basic 탭에서 OK를 클릭한다.

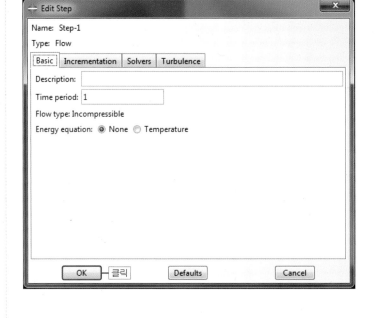

45

Model Tree에서 BCs를 더블클릭한다.

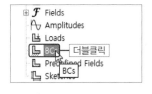

46

나타나는 Create Boundary Condition 창에서 Category : Fluid, Types for Selected Step : Fluid Inlet/outlet을 선택하고 Continue를 클릭한다.

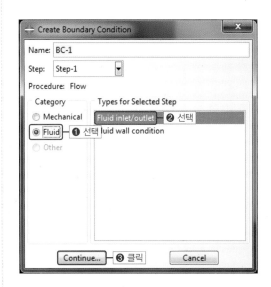

47

Inlet에 해당되는 그림의 면을 선택하고, 마우스 휠 버튼을 클릭한다.

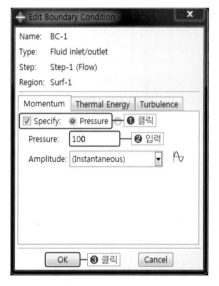

48

나타나는 Edit Boundary Condition 창에서 Specify에 Check On하고 Pressure 값에 100을 입력한 후 OK를 클릭한다.
하단 그림과 같이 선택한 면에 Pressure 표시가 나타난다.

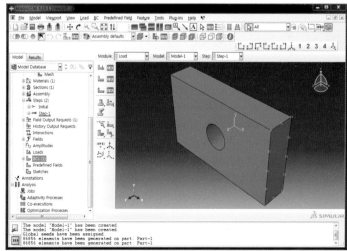

49

Model Tree에서 BCs (1)을 더블클릭
한다.

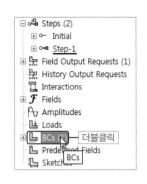

50

나타나는 Create Boundary Condition
창에서 Category : Fluid, Types for
Selected Step : Fluid Inlet/outlet을 선
택하고 Continue를 클릭한다.

51

Outlet은 Inlet의 반대쪽 면으로 그림과
같이 선택하고, 마우스 휠 버튼을 클
릭한다.

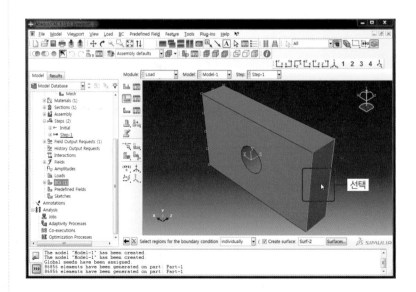

52

나타나는 Edit Boundary Condition 창에서 Specify에 Check On하고 Pressure 값에 10을 입력한 후 OK를 클릭한다.

하단 그림과 같이 선택한 면에 Pressure 표시가 나타난다.

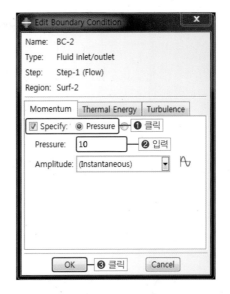

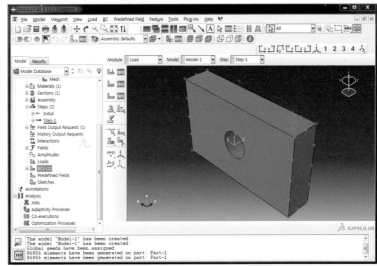

53

Model Tree에서 BCs (2)를 더블클릭한다.

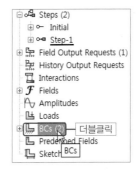

54

나타나는 Create Boundary Condition
창에서 Category : Fluid, Types for
Selected Step : Fluid condition을 선택
하고 Continue를 클릭한다.

55

육면체중에서 4개의 측면과 Hole 내
부면을 차례로 선택하여 wall을 지정
한다.(Inlet과 Outlet은 지정하지 말 것)

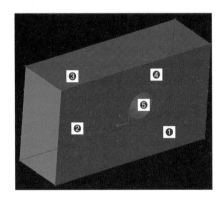

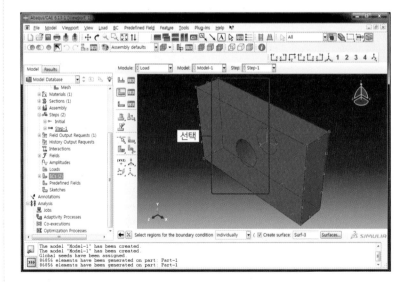

56

나타나는 Edit Boundary Condition 창
의 Condition에서 No Slip을 선택하고
OK를 클릭한다.

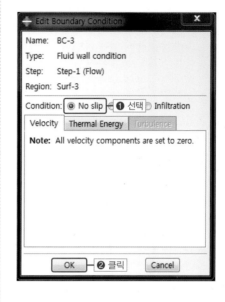

57

Model Tree에서 Jobs를 더블클릭한다.

58

나타나는 Create Job 창에서 Name을
Fluid_Test로 입력하고 Cuntinue를 클
릭한다.

59

Edit Job 창에서 Parallelization 탭을 클릭하고 계산에 사용될 CPU 개수를 2로 설정하고 OK를 클릭한다.

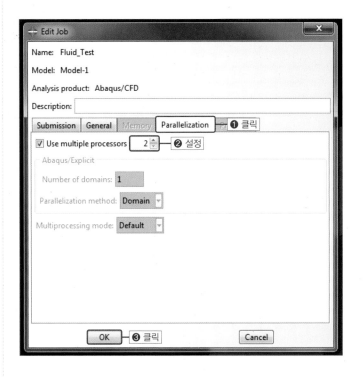

60

Model Tree의 Fluid_Test에서 마우스 오른쪽 버튼을 클릭한다. 나타나는 메뉴에서 Submit를 클릭한다.

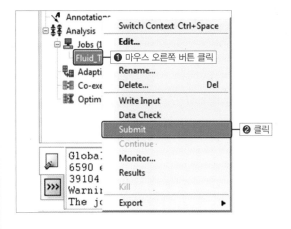

61

Model Tree의 Fluid_Test에서 마우스 오른쪽 버튼을 클릭한다. Monitor를 클릭한다.

62

Monitor에서 해석 진행 상태를 확인한
다. 해석이 완료되면 Complete 메시지
가 나타난다.

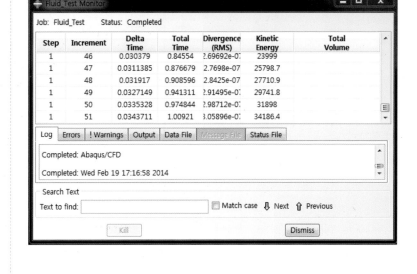

63

Job Manager 아이콘(▦)을 클릭한다.

64

Job Manager 창에서 Result를 클릭한다.

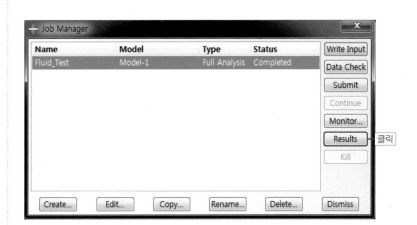

65

그림과 같이 Visualization Module로
전환된다.

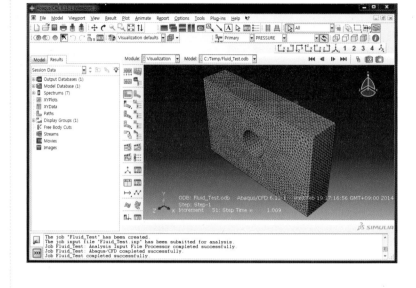

66

Plot Contours on Deformed Shape
아이콘(![icon])을 선택한다,

67

압력에 대한 결과 Plot이 나타난다.

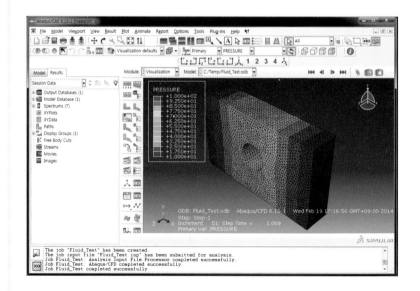

68

Field Output에서 Symbol〉V〉RESUL
TANT를 차례로 선택한다.

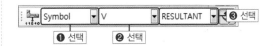

69

Toggle Global Translucency 버튼을 선
택한다.

70

Common Options 버튼을 선택한다.
Visible Edges〉No Edges를 선택하고
OK를 클릭한다.

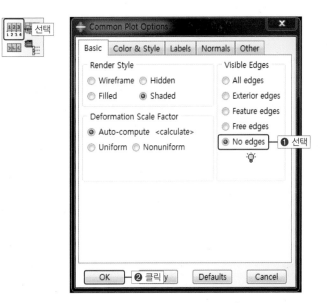

71

그림과 같이 속도에 대한 벡터 Plot을
확인할 수 있다.

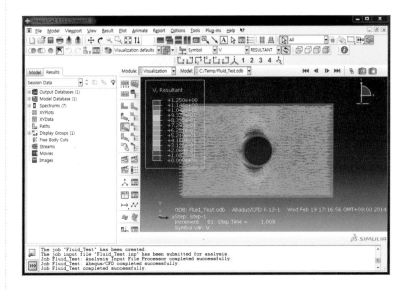

MEMO

CHAPTER 11

Coupled Eulerian

– Lagrangian analysis

... BRIEF SUMMARY

일반적으로 구조해석은 Lagrangian model이라고 하는, 쉽게 말해 Mesh 자체가 여러 조건들에 의해 변형되는 모델을 이용한 해석이라고 볼 수 있다.

그러나 10장에서 다룬 CFD의 경우에는 Mesh는 고정되어 있고 재료의 질량점만 이동하는 Euler model을 이용한 해석이다.

이 Euler model은 유체의 운동이 상대적으로 변위가 매우 크고 복잡하기 때문에 유동해석에 적합하며 Lagrangian model은 일반 구조해석에 적합한데 이를 연계한 해석을 Coupled Eulerian – Lagrangian 해석, 즉 CEL이라고 한다.

이 장에서는 유체와 구조물 간의 상호작용에 의한 거동을 CEL을 이용하여 해석하고 그 결과를 확인하는 실습을 진행한다.

CHAPTER
●●●
PREVIEW

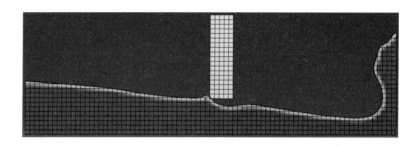

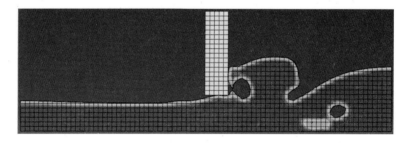

CHAPTER

11

Coupled Eulerian - Lagrangian analysis

■ ■ 완료파일 : Example_File → Ch11_CEL → Complete → CEL.cae

알 고 가 기

■ Overview

기존의 Lagrangian 해석에서는 절점은 재료 내에 고정되어 있고 요소는 재료 변형에 따라 변형되었다.
따라서, Lagrangian 요소에서는 재료의 경계와 요소의 경계가 일치한다.

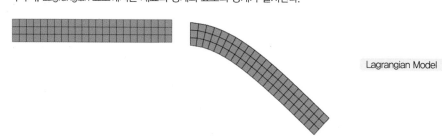

Lagrangian Model

이와 대조적으로, Eulerian 해석에서 절점은 공간에 고정되어 있고 재료는 변형되지 않는 요소 내에서 조건에 따라 이동한다.
따라서, Eulerian 재료의 경계는 일반적으로 요소의 경계와는 일치하지 않고 각 시간의 증분마다 계산된다.
보통 Eulerian 재료가 Eulerian 요소의 외부로 넘어가는 경우 이 부분은 시뮬레이션 상에서 소실된다.

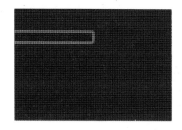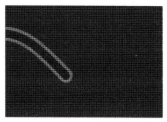

Eulerian Model

Eulerian 재료는 Lagrangian 재료와 Eulerian – Lagrangian Contact를 통해 Interaction이 가능하다. 이 Interaction을 고려한 해석을 Coupled Eulerian – Lagrangian(CEL)이라고 한다.
비교적 강력하고 사용하기 쉬운 Explicit의 general contact의 특성으로 이용하여 FSI와 같은 Multiphysics를 수행할 수 있다.

Ball drop simulation

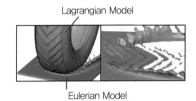

Tire Hydroplaning simulation

■ Application

Lagrangian 요소는 극심한 대변형 문제의 경우 상대적으로 정확도가 떨어지고 요소가 비정상적으로 변형이 발생할 수 있다.
이에 반해 Eulerian 해석은 유체의 흐름과 같은 극심한 대변형을 수반하는 문제를 해결하는 데 효과적이다.
따라서 유체의 출렁임이나 기체의 흐름과 같은 문제는 Eulerian 해석을 이용하여 효과적으로 다룰 수 있다.

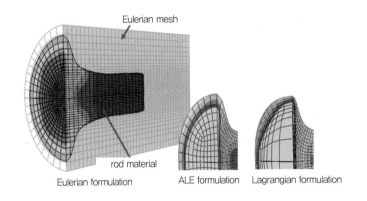

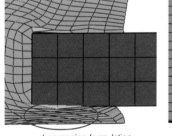

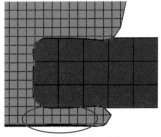

Rivet forming simulation

01

Model Tree에서 Parts를 더블클릭한다.

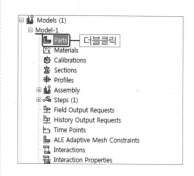

02

Create Part 창에서 다음과 같이 설정한
후 Continue를 클릭한다.

03

다음과 같이 직사각형을 생성한다.

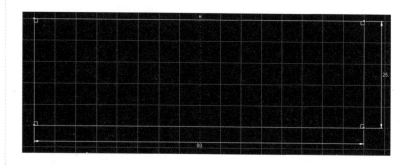

04

Edit Base Extrusion 창에서 Depth: 1
로 설정하고 OK를 클릭한다.

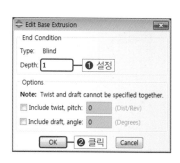

05

Create Partition 아이콘(🔧)을 클릭하고 다음과 같이 Cell type의 Define cutting plane을 선택한다.

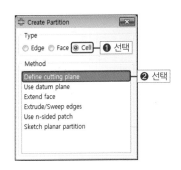

06

Prompt area에서 Point & Normal 버튼을 클릭하여 그림과 같이 Point와 Edge를 선택하고 Create Partition 버튼을 클릭한다.

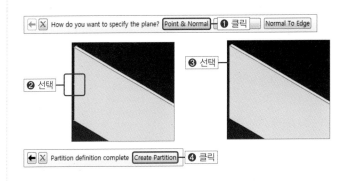

07

다음과 같이 아래의 Cell을 선택하고 Done을 클릭한 후 Point & Normal 버튼을 클릭한다.

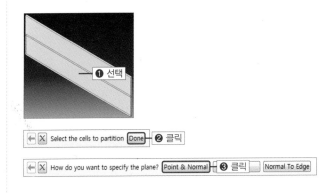

08

그림과 같이 Point와 Edge를 선택하고 Create Partition 버튼을 클릭한다.

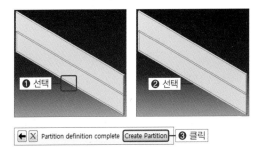

09

Model Tree에서 Parts (1)을 더블클릭
하고 다음과 같이 설정한 후 Continue
버튼을 클릭한다.

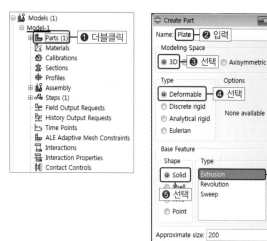

10

Create Line : Rectangle 아이콘(▭)을
클릭하고 다음과 같이 좌표를 입력하
여 직사각형을 생성한다.

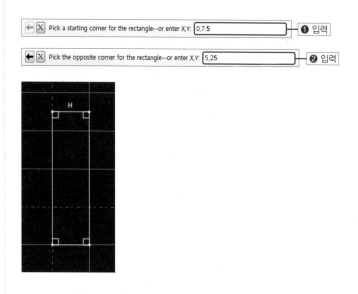

11

Edit Base Extrusion 창에서 Depth : 1
로 설정하고 OK를 클릭한다.

12

Model Tree에서 Materials를 더블클
릭하면 Edit Material 창이 나타난다.
Name에 Water를 입력하고 Material
Behaviors가 Density인지 확인 후
Density를 998로 입력한다.

13

Mechanical 탭의 Eos를 선택한다.

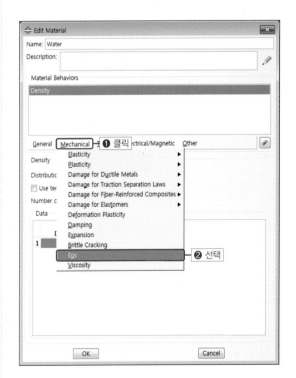

14

Type을 Us – Up으로 변경하고 c0 :
1500, s : 0, Gamma0 : 0을 입력한다.

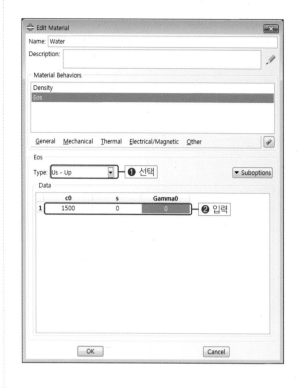

15

Mechanical의 Viscosity를 선택한다.

16

점성계수 1.26765E−5를 입력하고 OK
를 클릭한다.

17

Model Tree에서 Materials (1)을 더블
클릭하여 Name에 Steel을 입력하고
Mass Density에 7800을 입력한다.

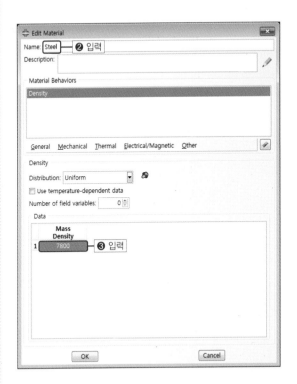

18

Mechanical의 Elasticity>Elastic을 선택
한다.

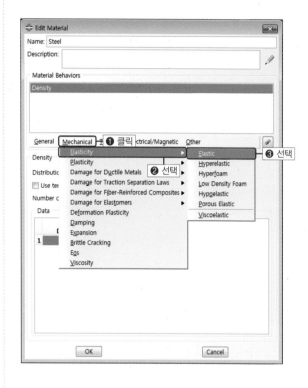

19

탄성계수 : 200e9, 포와송 비 : 0.3을
입력하고 OK를 클릭한다.

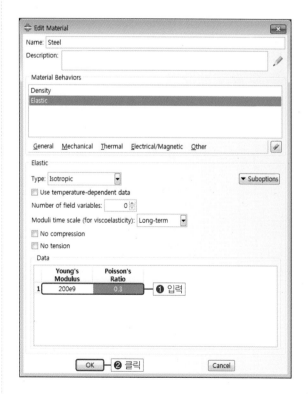

20

Model Tree에서 Sections를 더블클릭
한다.

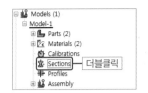

21

Create Section 창에서 Solid, Eulerian
을 선택하고 Continue를 클릭한 후
Edit Section 창에서 Base Material에
Water를 선택하고 OK를 클릭한다.

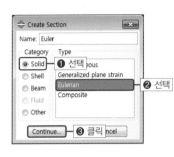

22

Model Tree에서 Sections (1)을 더블클
릭한다.

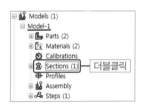

23

Create Section 창에서 Solid, Homoge
neous를 선택하고 Continue를 클릭한
후 Edit Section 창에서 다음과 같이 설
정하고 OK를 클릭한다.

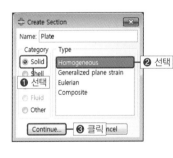
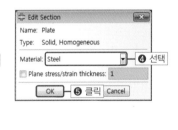

24

Model Tree의 Euler part에서 Section
Assignments를 더블클릭한다.

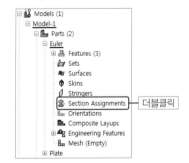

25

Euler section을 선택하고 OK를 클릭
한다.

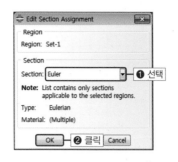

26

Model Tree의 Euler part에서 Section
Assignments (1)을 더블클릭한다.

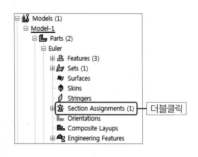

27

Section : Plate를 선택하고 OK를 클릭
한다.

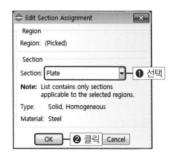

28

Model Tree에서 Euler part의 Mesh
(Empty)를 더블클릭한다.

29

Seed Part 아이콘(⊞)을 클릭하여 다음과 같이 설정하고 OK를 클릭한다.

30

Mesh Part 아이콘(⊞)을 클릭하고 Prompt area의 Yes 버튼을 클릭하면 다음과 같이 Hexa Mesh가 생성된다.

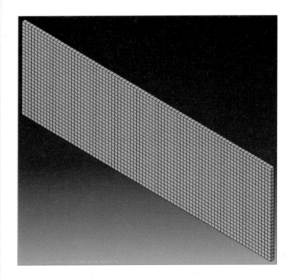

31

Model Tree에서 Plate part의 Mesh (Empty)를 더블클릭한다.

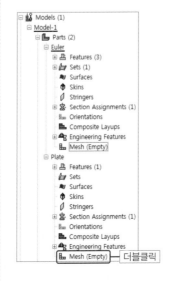

32

Global Seed를 다음과 같이 설정하고
OK를 클릭한다.

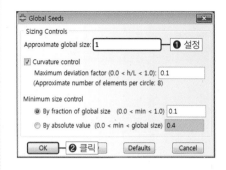

33

Mesh Part 아이콘(🔳)을 이용하여 다음과 같이 Mesh를 생성한다.

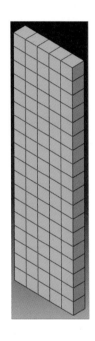

34

Model Tree에서 Assembly의 Instances
를 더블클릭한다.

35

다음과 같이 두 Parts 모두 선택한 후
OK를 클릭한다.

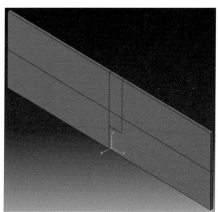

36

Model Tree에서 Assembly의 Sets (1)
을 더블클릭한다.

37

Create Set 창에서 다음과 같이 선택한
후 Continue를 클릭한다.

38

Selection 툴바에서 Cells로 변경하고
다음과 같이 Cell을 선택한 후 Done을
클릭한다.

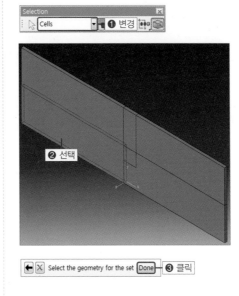

39

Model Tree에서 Steps (1)을 더블클릭
한다.

40

다음과 같이 Dynamic, Explicit를 선택
하고 Continue를 클릭한다.

41

Edit Step 창에서 Time period : 10으로 설정하고 OK를 클릭한다.

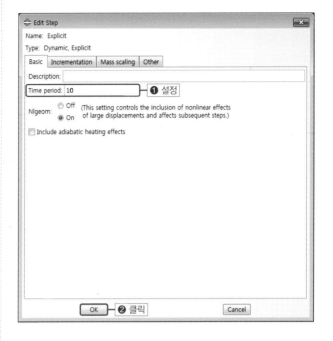

42

Model Tree에서 Interaction Properties를 더블클릭한 후 Contact를 선택하고 Continue를 클릭한다.

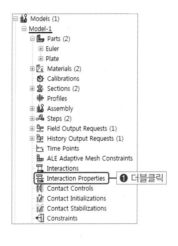

43

Tangential Behavior에서 Frictionless를
선택하고 OK를 클릭한다.

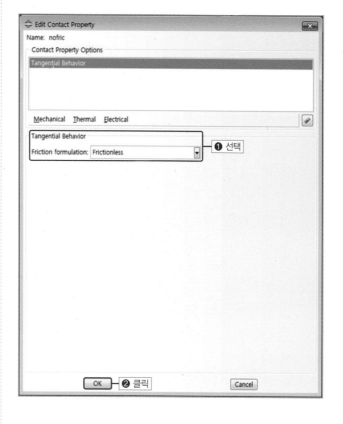

44

Model Tree에서 Interactions를 더블클
릭한 후 General contact (Explicit)를
선택하고 Continue를 클릭한다.

45

Edit Interaction 창에서 다음과 같이 설정한 후 OK를 클릭한다.

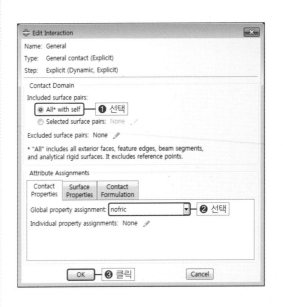

46

Model Tree에서 Loads를 더블클릭한후 Create Load 창에서 Gravity를 선택하고 Continue를 클릭하고, 나타나는 Edit Load 창에서 다음과 같이 설정한후 OK를 클릭한다.

47

Model Tree에서 BCs (1)을 더블클릭
한 후 Velocity/Angular velocity를 선
택하고 Continue를 클릭한다.

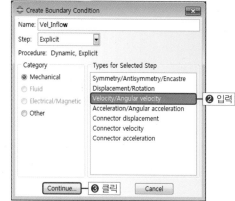

48

그림과 같이 면을 선택하고 V1 : 2를
입력한 후 OK를 클릭한다.

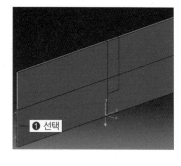
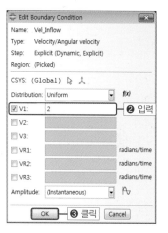

49

동일한 방법으로 그림과 같이 면을 선
택한 후 V2 : 0을 입력하고 OK를 클
릭한다.

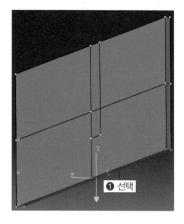
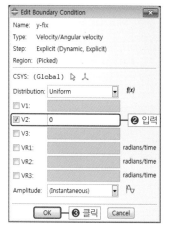

50

그림과 같이 면을 선택하고 V1 : 0을
입력한 후 OK를 클릭한다.

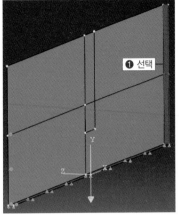
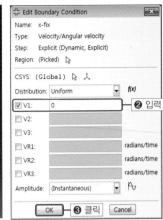

51

양쪽면을 두 파트 모두 선택한 후 V3 :
0을 입력하고 OK를 클릭한다.

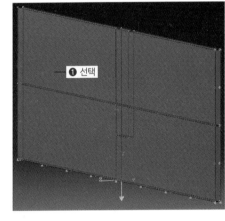
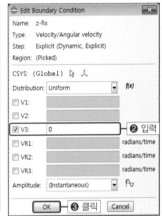

52

다음과 같이 Plate part의 면을 선택한
후 V1, V2 : 0을 입력하고 OK를 클릭
한다.

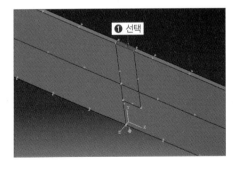
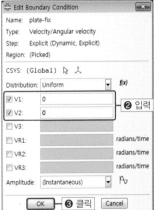

53

Model Tree에서 Predefined Fields를
더블클릭한 후 Material assignment를
선택하고 Continue를 클릭한다.

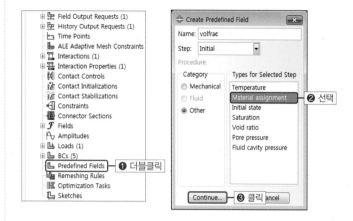

54

Euler part를 선택한다.

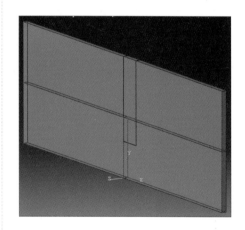

55

Region 아래의 공란을 더블클릭 한 후
Water set을 선택하고 Continue를 클
릭한다.

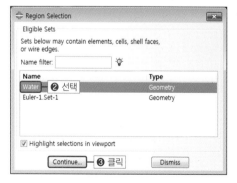

56

Euler-1. Water-1에 1을 입력하고 OK를 클릭한다.

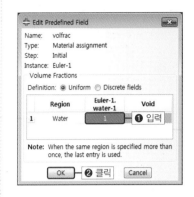

57

Model Tree에서 Jobs를 더블클릭한 후 Continue를 클릭한다.

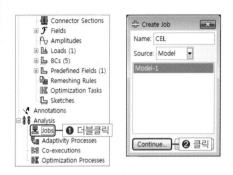

58

Edit Job 창에서 OK를 클릭한다.

59

생성한 job에서 마우스 오른쪽 버튼을
클릭한 후 Submit를 클릭한다.

60

해석이 완료되면 Field Output 툴바에
서 EVF를 선택하여 결과를 확인한다.

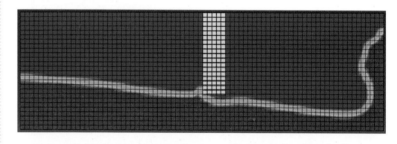

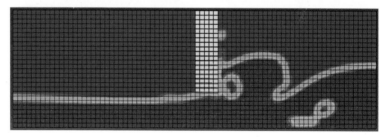

61

재료가 차지하고 있는 부분만을 시각
화 하기 위해 View Cut Manager 아이
콘(⊞⊞)을 클릭하고 다음과 같이
설정한다.

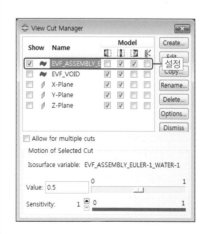

62

다음과 같이 결과를 확인한다.

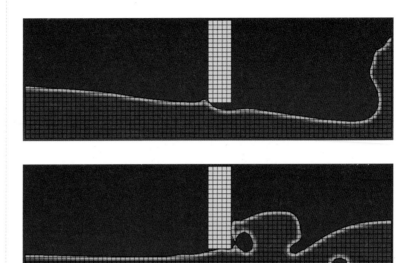

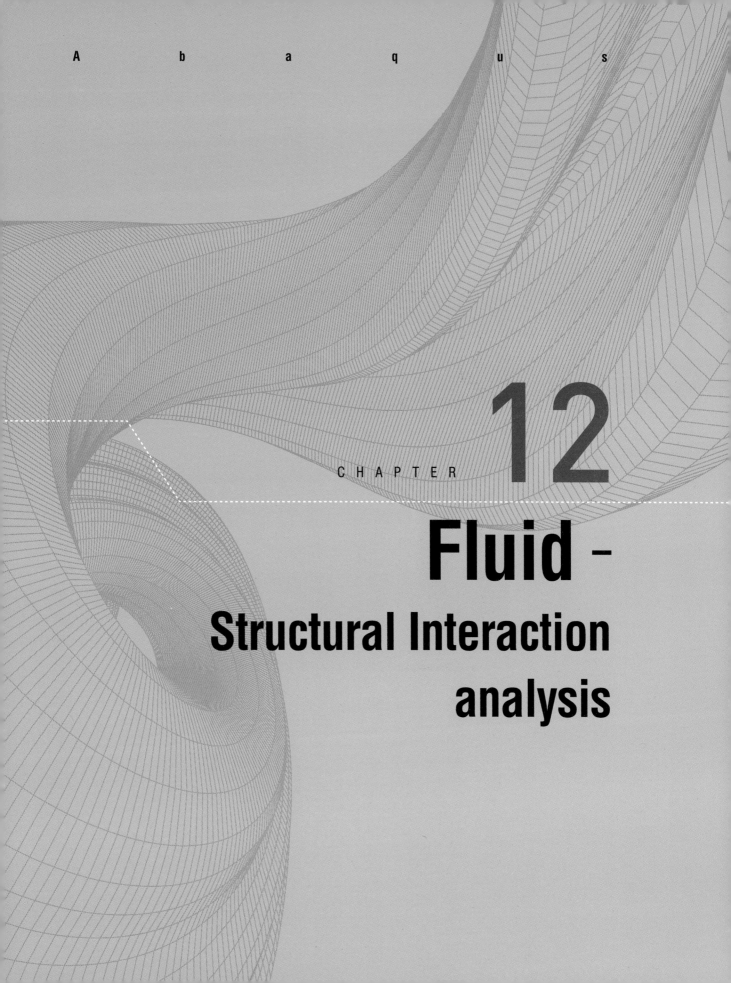

CHAPTER 12

Fluid –
Structural Interaction
analysis

BRIEF SUMMARY

Fluid – Structural Interaction, 즉 FSI는 유체 구조 연성해석이라는 Multi Physics 해석의 대표적인 예이다. 유체와 구조의 연계라는 의미에서 앞 장의 CEL과 뒷 장의 SPH와 비슷하다고 할 수 있으나 CEL과 SPH는 하나의 솔버만을 이용하는 반면에 FSI는 Abaqus의 Co–simulation Engine을 이용하여 Explicit–CFD, Implicit–CFD와 같이 각각 다른 솔버를 동시에 연계하여 해석을 한다는 특징이 있다. 이 장에서는 앞에서 학습한 Dynamic, Implicit와 CFD를 이용하여 FSI 해석 예제를 실습한다.

CHAPTER
●●●
PREVIEW

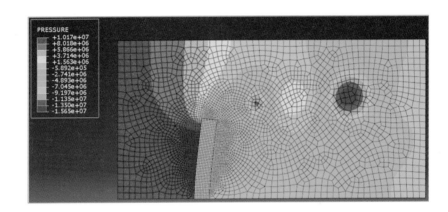

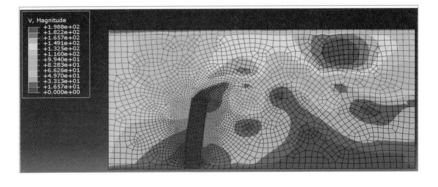

CHAPTER

12

Fluid-Structural Interaction analysis

■ ■ 완료파일 : Example_File → Ch12_FSI → Complete → FSI.cae

■ Multiphysics

다중 물리해석은 복잡하게 상호작용하는 여러 물리적 문제의 수치 솔루션을 연계하는 방법이다.

Abaqus에서는 열─구조, 유체─구조, 열─전기 등 여러 가지 다중물리 문제를 해결할 수 있는 방법들을 지원한다.

이들 다중물리해석은 크게 3가지의 방법이 있는데 하나의 솔버로 각각의 물리적 문제를 연계하는 Fully coupled procedure와 각각의 문제를 순차적으로 계산하는 Sequential coupling, Standard와 CFD같이 각각 다른 솔버를 연계 계산하는 Co-simulation이다.

이와 같이 여러 물리적인 문제들을 하나의 유한요소 해석 시스템 내에 연계하여 서로 연관되어 있는 물리현상들을 동시에 해석하는 기술을 다중물리해석이라고 한다.

■ 다수의 물리현상이 나타나는 사출성형

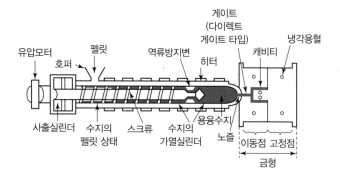

CHAPTER 01

■ Abaqus Multiphysics

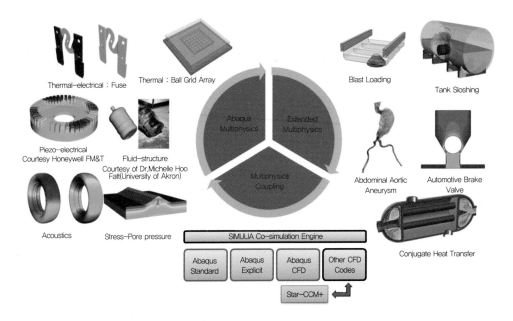

■ Coupled Thermal – Electrical–Structural

기존의 열 – 전기 연계 해석에 구조 문제까지 연계한 해석 프로시저

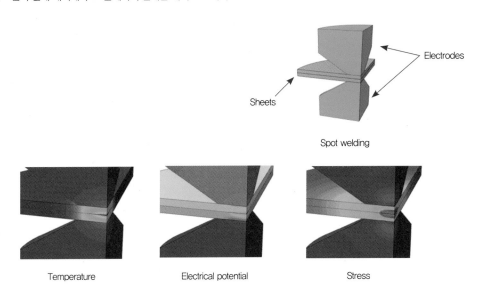

■ Co–simulation

Abaqus는 Co–simulation 기능을 이용하여 다중 물리 시뮬레이션(Multiphysics simulation)이나 다중 도메인 연계(Multi domain coupling)를 수행하기 위해 Abaqus 내의 여러 해석 코드나 다른 해석 프로그램과의 연계가 가능하다.

다중 도메인 연계의 경우 Standard와 Explicit 간의 장점을 활용한 해석, Standard 또는 Explicit와 CFD 간의 유체 구조 연계 해석 등이 있다.

다른 해석 프로그램과의 연계의 예로는 MADYMO 프로그램과의 자동차 탑승자 충돌 안전 시뮬레이션이 있다.

■ 유체 – 구조 연계 해석 (FSI)

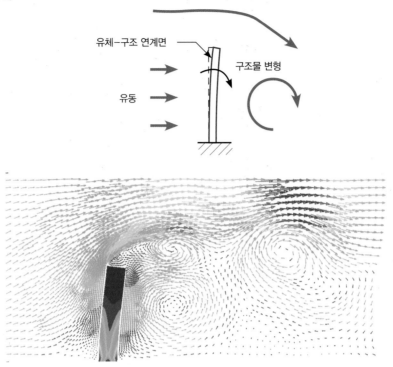

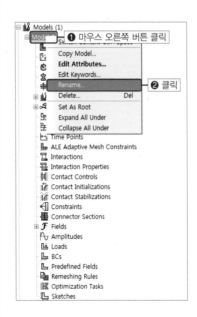

01

Model Tree의 Model−1에서 마우스 오른쪽 버튼을 클릭한 후 Rename을 클릭한다.

02

Rename Model 창에서 Struct라고 입력한 후 OK를 클릭한다.

03

Model Tree에서 Parts를 더블클릭한다.

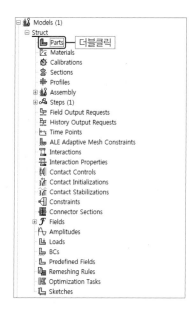

04

Create Part 창에서 Name : Struct로 입력하고 그림과 같이 설정한 후 Continue 버튼을 클릭한다.

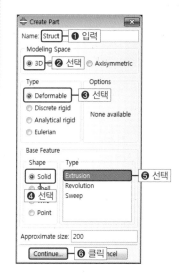

05

다음과 같이 가로 5, 세로 25 사이즈의 직사각형을 생성한 후 Done을 클릭한다.(왼쪽 아래 꼭짓점 좌표는 0,0)

06

Edit Base Extrusion 창에서 Depth : 2를 입력하고 OK를 클릭한다.

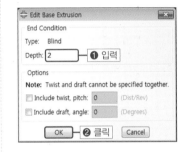

다음과 같은 형상이 나타난다.

07

Model Tree에서 Mesh (Empty)를 더블
클릭한다.

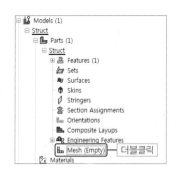

08

Seed Part 아이콘(⬚)을 클릭하여 나
타난 Global Seeds 창에서 Size를 0.5
로 입력하고 OK를 클릭한다.

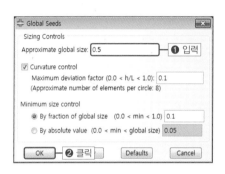

09

Seed Edges 아이콘(⬚)을 클릭하고 다
음과 같이 네 부분의 Edge를 선택한 후
Done을 클릭한다.

10

Local Seeds 창에서 Size를 2로 입력하고 OK를 클릭한다.

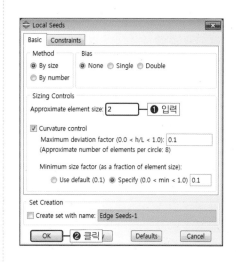

11

Mesh Part 아이콘(⬛)을 클릭하고 Prompt area에서 Yes를 클릭한다.

다음과 같이 Mesh가 생성된다.

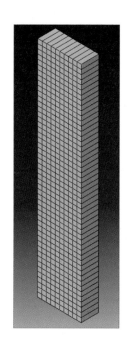

12

Model Tree에서 Materials를 더블클릭한다.

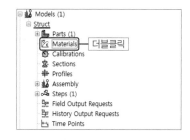

13

Edit Material 창에서 Name : Aluminum을 입력하고 Density의 Mass Density는 2700, Elastic의 Young's Modulus는 73e9, Poisson's ratio는 0.35를 입력하고 OK를 클릭한다.

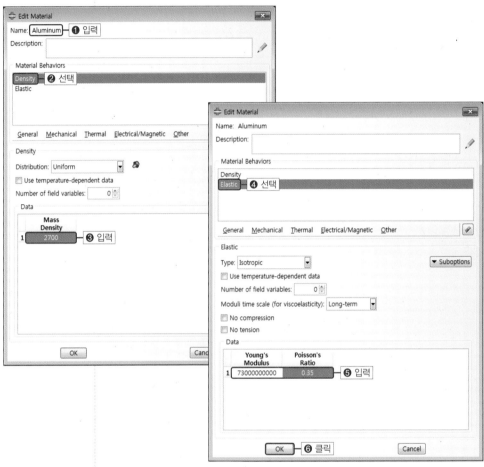

14

Model Tree에서 Sections를 더블클릭한다.

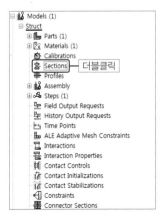

15

Create Section 창에서 Name : Struct
로 입력하고 다음과 같이 설정한 후
Continue 버튼을 클릭한다.

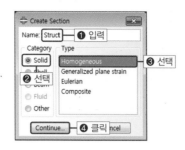

16

Edit Section 창에서 Material : Alumi
num을 선택하고 OK를 클릭한다.

17

Model Tree에서 Section Assignments
를 더블클릭한다.

18

다음 Part를 선택하고 Done을 클릭
한다.

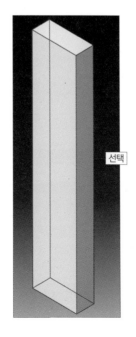

19

Edit Section Assignment 창에서 Section
: Struct를 선택하고 OK를 클릭한다.

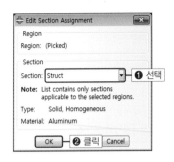

다음과 같이 Section이 Assign된다.

20

Model Tree에서 Assembly의 Instances
를 더블클릭한다.

21

Create Instance 창에서 OK를 클릭
한다.

22

Model Tree에서 Steps (1)을 더블클릭
한다.

23

Create Step 창에서 Name : Struct
를 입력하고 다음과 같이 설정한 후
Continue를 클릭한다.

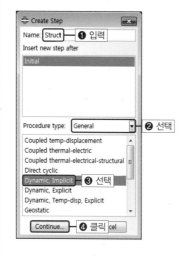

24

Edit Step 창에서 Time period : 2를 입
력하고 Application : Quasi-static를
선택한다.

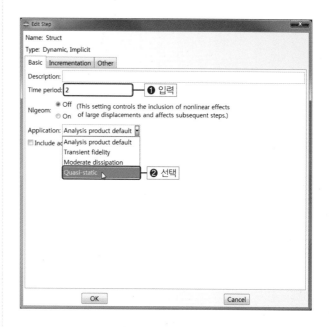

25

Incrementation 탭에서 다음과 같이 설
정한 후 OK를 클릭한다.

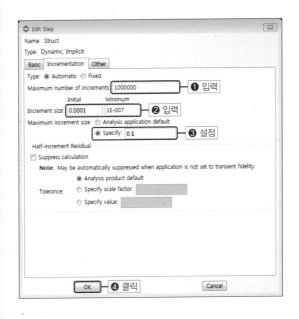

26

Model Tree에서 Field Output Requests
(1)의 F−Output−1을 더블클릭한다.

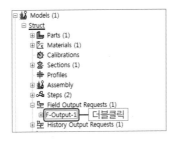

27

Edit Field Output Request 창에서 Fre
quency : Every x units of time, x :
0.1을 입력하고 OK를 클릭한다.

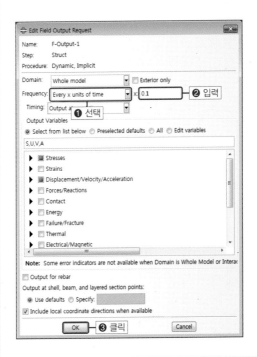

28

Model Tree에서 Interactions를 더블클릭한다.

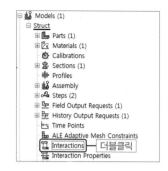

29

Create Interaction 창에서 Name : FSI_Boundary를 입력한 후 Fluid-Structure Co-simulation boundary를 선택하고 Continue를 클릭한다.

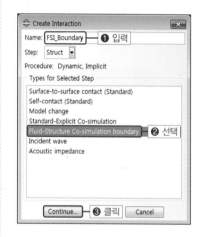

30

다음과 같이 세 면을 선택하고 Done을 클릭한 후 나타난 Edit Interaction 창에서 OK를 클릭한다.

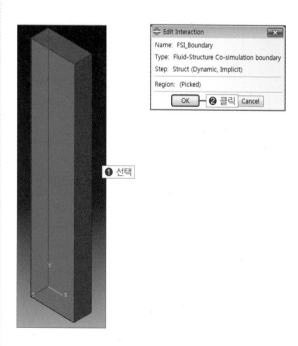

31

Model Tree에서 BCs를 더블클릭한 후
나타난 Create Boundary Condition 창
에서 Name : ZSYMM을 입력하고 다
음과 같이 설정한 후 Continue를 클릭
한다.

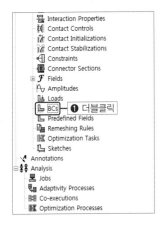
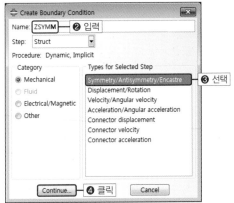

32

다음과 같이 두 면을 선택하고 Done
을 클릭한 후 나타난 Edit Boundary
Condition 창에서 ZSYMM을 선택하고
OK를 클릭한다.

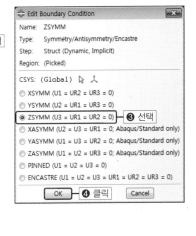

33

Model Tree에서 BCs (1)을 더블클릭한다.

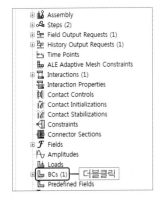

34

Create Boundary Condition 창에서
Name : Fix로 입력하고 다음과 같이
설정한 후 Continue를 클릭한다.

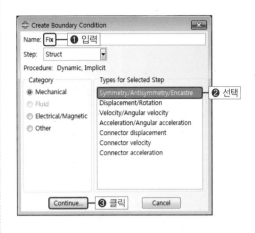

35

다음과 같이 한 면을 선택하고 Done
을 클릭한다.

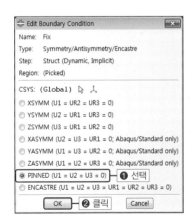

36

Edit Boundary Condition 창에서
PINNED를 선택하고 OK를 클릭한다.

37

Model Tree에서 Models (1)을 더블클릭하여 나타난 Edit Model Attributes 창에서 Name : CFD로 입력하고 Model type : CFD를 선택한 후 OK를 클릭한다.

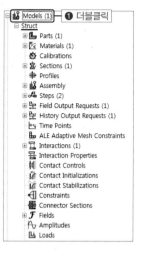

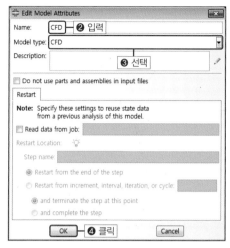

38

Model Tree에서 CFD의 Parts를 더블클릭한다.

39

Create Part 창에서 Name : CFD를 입력하고 다음과 같이 선택한 후 Continue를 클릭한다.

40

다음과 같이 도형을 생성한다.(꼭짓점
좌표 참조)

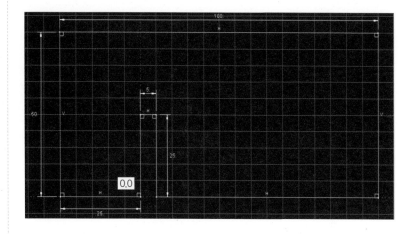

41

Edit Base Extrusion 창에서 Depth : 2
로 입력하고 OK를 클릭한다.

42

다음과 같은 형상이 생성된다.

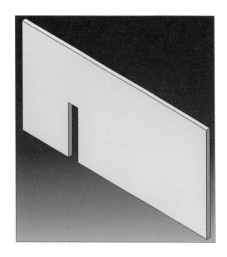

43

Model Tree에서 Materials를 더블클릭
한다.

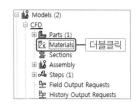

44

Edit Material 창에서 Name : Fluid를
입력하고 Density : 1000, Viscosity :
0.1을 입력하고 OK를 클릭한다.

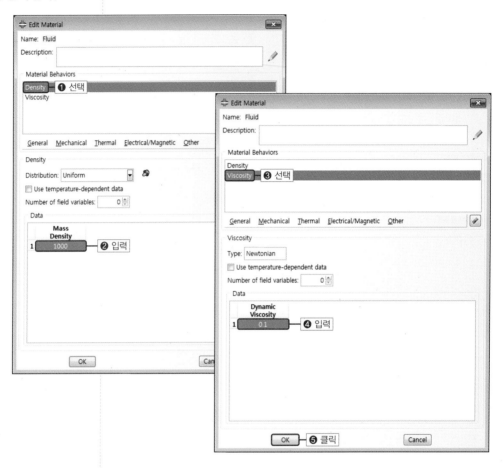

45

Model Tree에서 Sections를 더블클릭
한다.

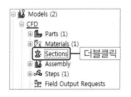

46

Create Section 창에서 Name : Fluid를
입력하고 Fluid〉Homogeneous를 선
택한 후 Continue를 클릭한다.

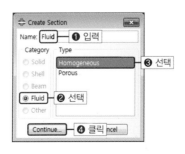

47

Edit Section 창에서 Material : Fluid를
선택하고 OK를 클릭한다.

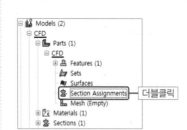

48

Model Tree에서 Section Assignments
를 더블클릭한다.

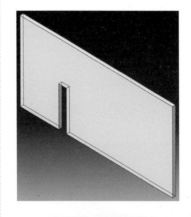

49

다음과 같이 Part를 선택한 후 나타난
Edit Section Assignment 창에서
Section : Fluid를 선택하고 OK를 클릭
한다.

다음과 같이 Section이 Assign 된다.

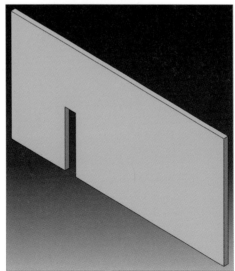

50

Model Tree에서 Mesh (Empty)를 더블
클릭한다.

51

Seed Part 아이콘(⬚)을 클릭한 후 나
타난 Global Seeds 창에서 size를 2로
입력하고 OK를 클릭한다.

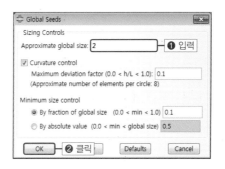

52

Seed Edges 아이콘(⬚)을 클릭하고
다음과 같이 6개의 Edge를 선택한 후
Done을 클릭하여 나타난 Local Seeds
창에서 size를 0.5로 입력하고 OK를
클릭한다.

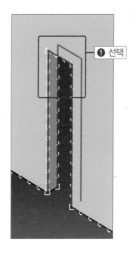

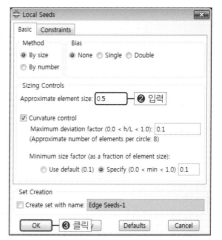

53

Mesh Part 아이콘()을 클릭한 후
Prompt area에서 Yes를 클릭한다.

다음과 같이 Mesh가 생성된다.

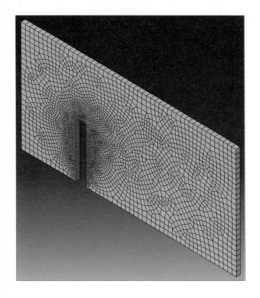

54

Model Tree에서 Assembly의 Instances
를 더블클릭한다.

55

Create Instance 창에서 OK를 클릭한다.

56

Model Tree에서 Steps (1)을 더블클릭
한다.

57

Create Step 창에서 Name : CFD를 입
력하고 Continue를 클릭한다.

58

Edit Step 창에서 Time period : 2를 입
력한다.

59

Incrementation 탭에서 다음과 같이 설정한 후 OK를 클릭한다.

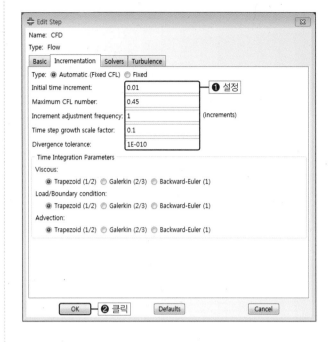

60

Model Tree에서 Field Output Requests (1)의 F-Output-1을 더블클릭한다.

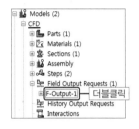

61

Edit Field Output Request 창에서 다음과 같이 설정한 후 OK를 클릭한다.

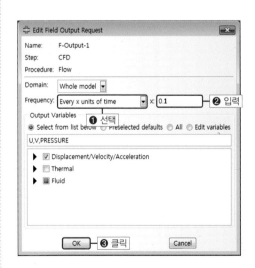

62

Model Tree에서 Interactions를 더블클릭한다.

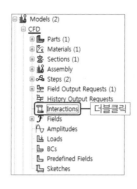

63

Create Interaction 창에서 Name : FSI_Boundary를 입력하고 Continue를 클릭한다.

64

다음과 같이 세 면을 선택하고 Done을 클릭한다.

65

Edit Interaction 창에서 OK를 클릭한다.

66

Create Boundary Condition 창에서
Name : Inlet을 입력하고 다음과 같이
설정한 후 Continue를 클릭한다.

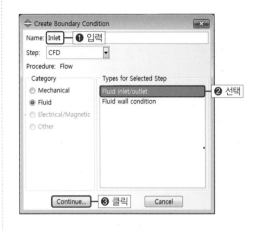

67

다음과 같이 한 면을 선택한 후 Done
을 클릭한다.

68

Edit Boundary Condition 창에서 다음
과 같이 설정한 후 OK를 클릭한다.

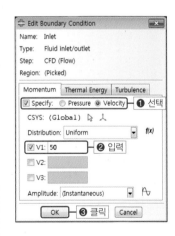

69

Model Tree에서 BCs (1)를 더블클릭
한다.

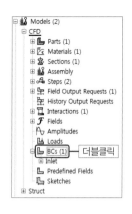

70

Create Boundary Condition 창에서
Name : Outlet을 입력하고 다음과 같
이 설정한 후 Continue를 클릭한다.

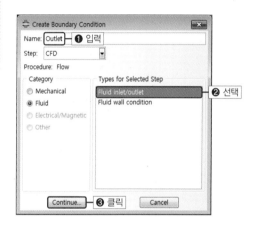

71

다음과 같이 한 면을 선택한 후 Done
을 클릭한다.

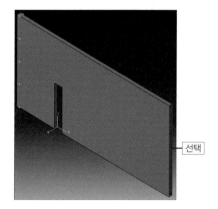

72

Edit Boundary Condition 창에서 다음
과 같이 설정한 후 OK를 클릭한다.

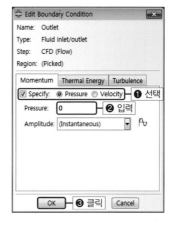

73

Model Tree에서 BCs (2)를 더블클릭
한다.

74

Create Boundary Condition 창에서
Name : SYMM을 입력하고 다음과 같
이 설정한 후 Continue를 클릭한다.

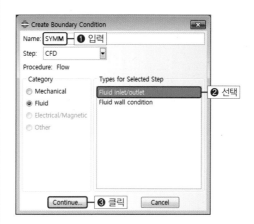

75

다음과 같이 두 면을 선택한 후 Done
을 클릭한다.

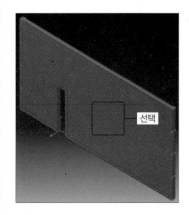

76

Edit Boundary Condition 창에서 다음
과 같이 설정한 후 OK를 클릭한다.

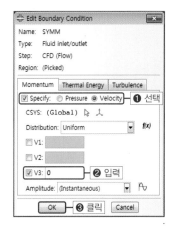

77

Model Tree에서 BCs (3)을 더블클릭
한다.

78

Create Boundary Condition 창에서
Name : Wall을 입력하고 다음과 같이
설정한 후 Continue를 클릭한다.

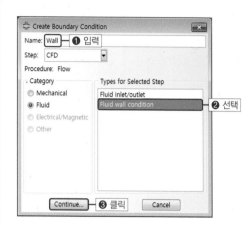

79

다음과 같이 세 면을 선택하고 Done
을 클릭한다.

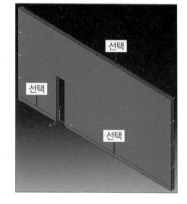

80

Edit Boundary Condition 창에서
Condition : No slip을 선택하고 OK를
클릭한다.

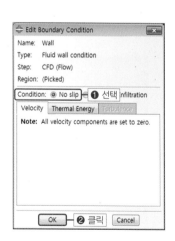

81

Model Tree에서 BCs (4)를 더블클릭
한다.

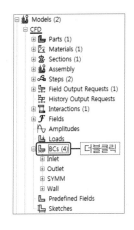

82

Create Boundary Condition 창에서
Name : Fix로 입력하고 다음과 같이
설정한 후 Continue를 클릭한다.

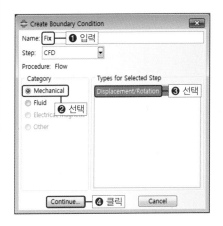

83

다음과 같이 다섯 면을 선택하고 Done
을 클릭한다.

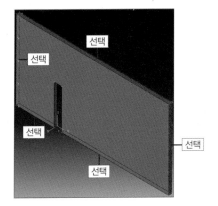

84

Edit Boundary Condition 창에서 다음
과 같이 설정한 후 OK를 클릭한다.

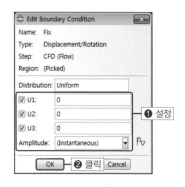

85

Model Tree에서 Co-executions를 더
블클릭한다.

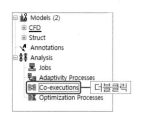

86

Edit Co-execution 창에서 Name : FSI
로 입력하고 다음과 같이 설정한 후
OK를 클릭한다.

87

Model Tree에서 Co-executions (1)의
FSI에서 마우스 오른쪽 버튼을 클릭한
후 Submit를 클릭한다.

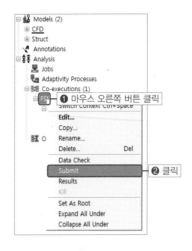

88

Complete되면 다시 마우스 오른쪽 버
튼을 클릭하여 Results를 클릭한다.

다음과 같은 화면이 나타난다.

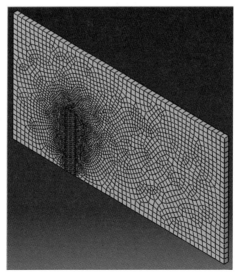

89

Switch Between Overlay and Single Plot State 아이콘(⬛)을 클릭한 후 Plot Contours on Deformed Shape 아이콘(⬛)을 클릭하여 다음의 결과를 확인한다.

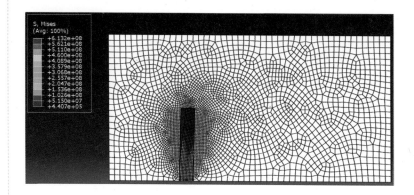

90

Common Options 아이콘(⬛)을 클릭하여 나타난 Common Plot Options 창에서 다음과 같이 설정한 후 OK를 클릭한다.

다음과 같은 화면이 나타난다.

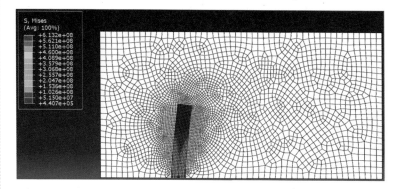

91

Overlay Plot Layer Manager 아이콘
을 클릭하여 나타난 창에서 Current를
CFD 모델에 체크한다.

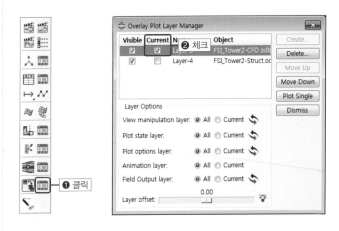

다음과 같이 유체의 Pressure가 plot
된다.

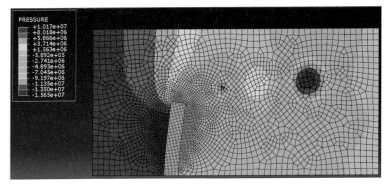

92

Output을 V로 변경하여 다음과 같이
결과를 확인한다.

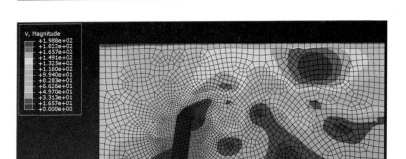

93

다음과 같은 순서로 설정한다.

94

Output을 S로 변경하여 다음과 같이 결과를 확인한다.

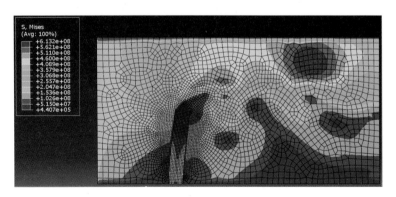

MEMO

CHAPTER 13

Smoothed particle hydrodynamic analysis

💬 BRIEF SUMMARY

SPH는 기존의 해석들과는 달리 어떠한 입자들을 이용하여 해석하는 기법이다. 이 입자들은 CEL이나 FSI와 같이 유동을 표현함에 있어서 유동장의 크기에 의해 제한되는 문제가 없기 때문에 아주 극단적인 대변형을 수반하는 문제에 대해 적합한 기법이다.

이 장에서는 앞 장의 CEL과 거의 동일한 모델을 설정하여 이 모델을 SPH 기법으로 해석하는 경우의 과정을 이해하고 결과를 확인한다.

CHAPTER
●●●
PREVIEW

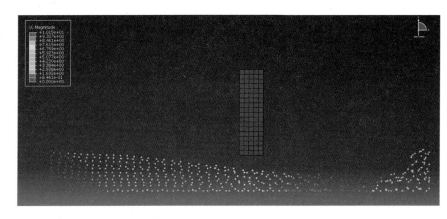

CHAPTER

13

Smoothed particle hydrodynamic analysis

■ ■ 완료파일 : Example_File → Ch13_SPH → Complete → SPH.cae

알 고 가 기

■ Overview

Smoothed particle hydrodynamics (SPH)는 일반적인 Mesh 없이 입자로 해석하는 수치 기법이다.

이 기법에서는 유한 요소 해석에서 일반적으로 정의하는 절점과 요소를 정의하지 않고 어떠한 Point들의 집합으로 모델을 구성한다.

이 기법에서는 Explicit에서 사용하는 대부분의 재료를 사용할 수 있으며 Lagrangian 모델에서 사용하는 초기 조건과 경계 조건을 사용할 수 있고 Lagrangian 모델과의 Contact interaction도 적용 가능하다.

■ Water drop simulation

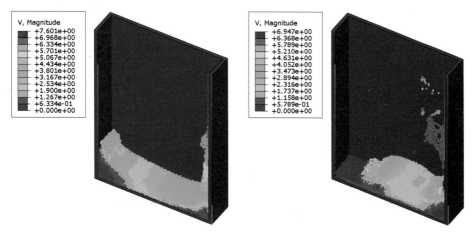

이 기법은 일반적으로 대변형을 수반하지 않는 경우 Lagrangian 해석보다 정확도가 낮고, 대변형을 수반하는 경우 CEL 기법보다 정확도가 떨어진다.

모델의 대부분의 절점이 SPH로 구성된 경우, CPU의 사용량이 많으면 확장이 잘 되지 않는다.

SPH는 탄도학이나 페인트 분사와 같은 극단적인 변형을 수반하는 문제에 대해 효과적인 기법이다.

CEL에서 재료의 공극률이 작으면 계산에 필요한 리소스가 지나치게 높아지는데, 이러한 경우에 SPH가 선호된다.

■ Impact of a perfectly plastic cylindrical copper bar with a rigid plate

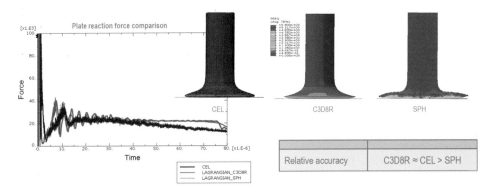

■ Application

SPH는 탄도학이나 페인트 분사와 같은 극단적인 변형을 수반하는 문제에 대해 효과적인 기법이다.

■ Ballistic impact

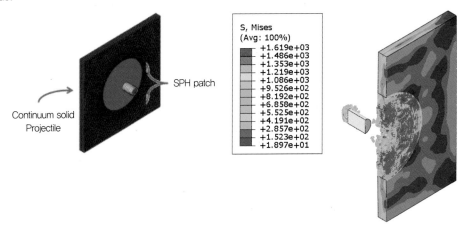

■ Bottle drop test

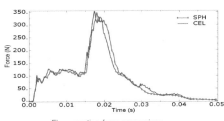

Floor reaction force comparison
• 12K particles, 120k Eulerian elements
• SPH ≈ 2/3 CEL analysis time

Relative accuracy	CEL≈ SPH
Relative model size and cost	CEL> SPH

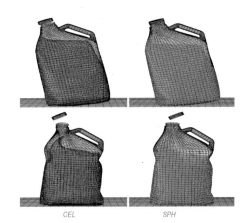

04

Model Tree에서 Parts (1)을 더블클릭
한다.

05

Create Part창에서 다음과 같이 설정하
고 Continue를 클릭한다.

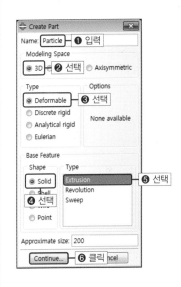

06

다음과 같이 직사각형을 생성하고 Done
을 클릭한다.

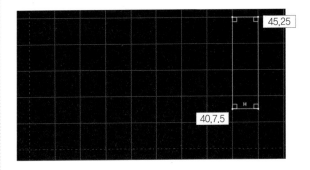

07

Edit Base Extrusion 창에서 Depth : 1
을 입력하고 OK를 클릭한다.

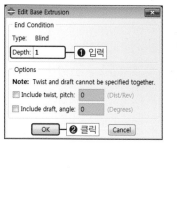

08

Model Tree에서 Parts (2)를 더블클릭
한다.

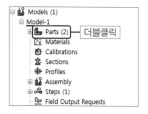

09

Create Part창에서 다음과 같이 설정한
후 Continue를 클릭한다.

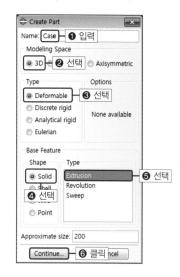

10

그림을 참고하여 스케치를 생성한 후
Done을 클릭한다.

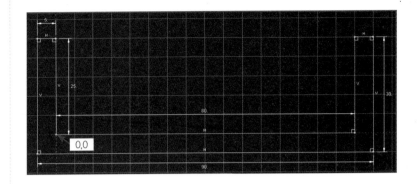

11

Edit Base Extrusion 창에서 Depth : 1
을 입력하고 OK를 클릭한다.

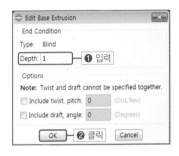

12

Create Solid 아이콘(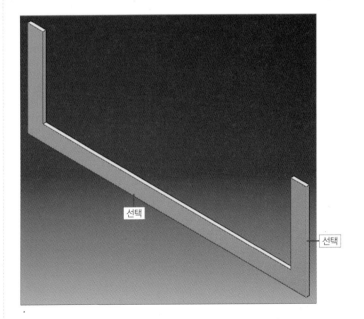)을 클릭한 후
그림과 같이 면과 모서리를 선택한다.

13

다음과 같이 최 외곽을 참고하여 직사
각형을 생성한다.

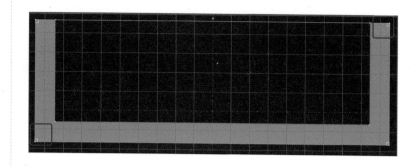

14

Edit Extrusion 창에서 다음과 같이 설
정한 후 OK를 클릭한다.

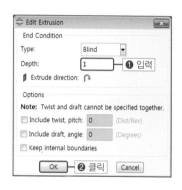

15

반대쪽도 14의 과정을 반복하여 Solid
를 생성한다.

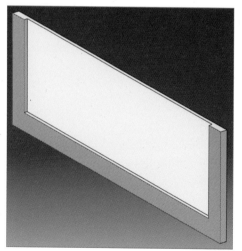

16

Create Partition 기능을 이용하여 오
른쪽 그림과 같이 Cell을 분할한다.
(Chapter 4 참조)

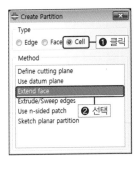 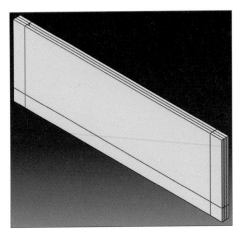

17

Model Tree에서 Materials를 더블클릭
한다.

18

다음과 같이 Density : 998, Eos c0
:1500, Viscosity : 1.26765e−5를 입
력하고 OK를 클릭한다.

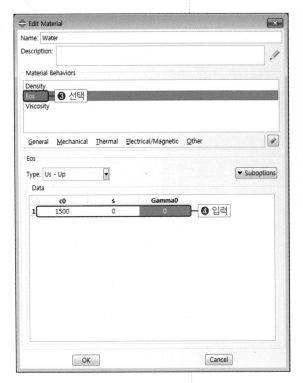

19

Model Tree에서 Materials (1)을 더블
클릭한다.

20

다음과 같이 Density : 7800, Elastic : 200e9, 0.3을 입력하고 OK를 클릭한다.

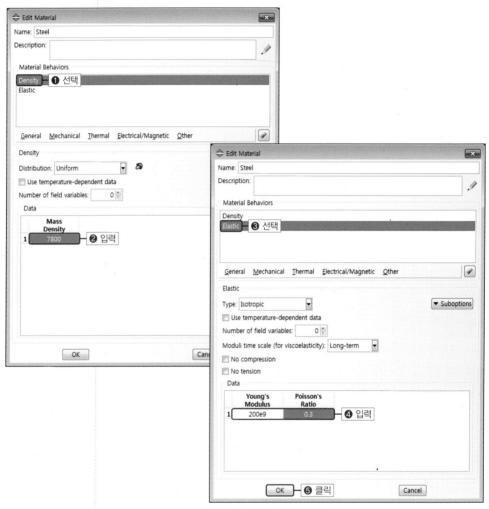

21

Model Tree에서 Sections를 더블클릭한다.

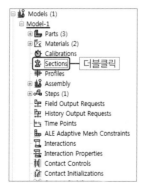

22

Name : SPH를 입력하고, Solid, Homogeneous를 선택하고 Continue를 클릭한 후 Edit Section창에서 Material : Water를 선택하고 OK를 클릭한다.

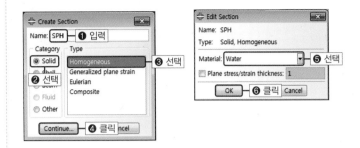

23

Model Tree에서 Sections (1)을 더블클릭한다.

24

Name : Plate를 입력하고, Solid, Homogeneous를 선택한다. Continue를 클릭한 후 Edit Section 창에서 Material : Steel을 선택하고 OK를 클릭한다.

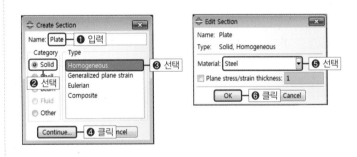

25

Model Tree에서 Particle part의 Section Assignments를 더블클릭한다.

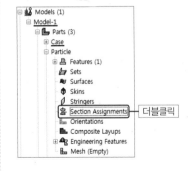

26

그림과 같이 particle을 선택하고 Prompt Area에서 Done을 클릭한다. Section : SPH를 선택하고 OK를 클릭한다..

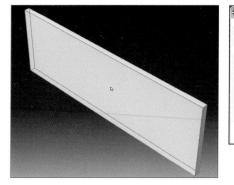

27

Model Tree에서 Case part의 Section Assignments를 더블클릭한다.

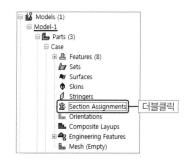

28

그림과 같이 마우스로 드래그하여 case 전체를 선택하고 Prompt Area에서 Done을 클릭한다. Section : Plate를 선택하고 OK를 클릭한다.

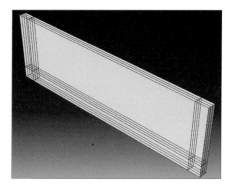

29

Model Tree에서 Plate part의 Section Assignments를 더블클릭한다.

30

그림과 같이 Plate를 선택하고 Prompt Area에서 Done을 클릭한다. Section : Plate를 선택하고 OK를 클릭한다.

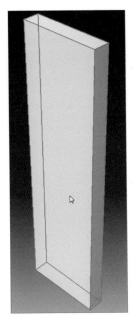

31

Model Tree에서 Case part의 Mesh (Empty)를 더블클릭한다.

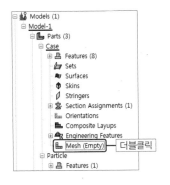

32

Mesh Part 아이콘(▣)을 클릭하여 다음과 같이 Mesh를 생성한다.

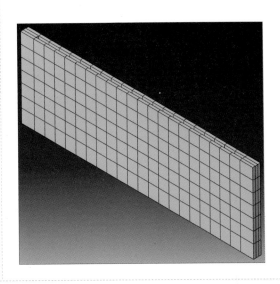

CHAPTER 13

33

Model Tree에서 Plate part의 Mesh (Empty)를 더블클릭한다.

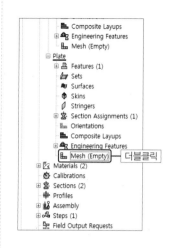

34

Mesh Part 아이콘(▦)을 클릭하여 다음과 같이 Mesh를 생성한다.

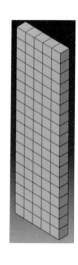

35

Model Tree에서 Particle part의 Mesh (Empty)를 더블클릭한다.

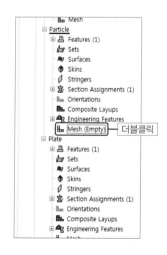

36

Mesh Part 아이콘()을 클릭하여 다음과 같이 Mesh를 생성한다.

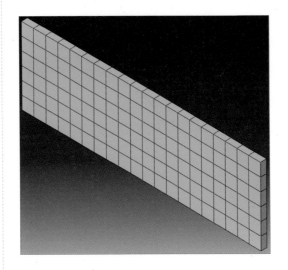

37

Element Library를 Explicit로 변경하고 Conversion to particles를 다음과 같이 설정한 후 OK를 클릭한다.

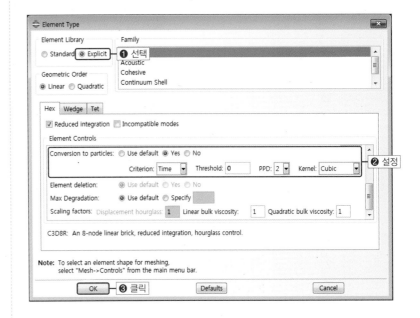

38

Model Tree에서 Assembly의 Instances를 더블클릭한다.

39

Create Instance 창에서 세 Parts 모두
선택한 후 OK를 클릭한다.

다음과 같이 Instance가 구성된다.

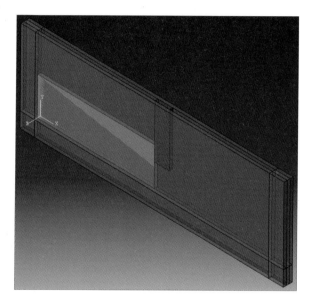

40

Model Tree에서 Steps (1)을 더블클릭
한다.

41

Dynamic, Explicit를 선택하고 Continue를 클릭한다.

42

Time period : 5를 입력하고 OK를 클릭한다.

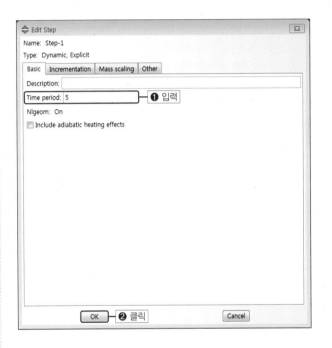

43

Model Tree에서 Interaction Properties를 더블클릭한다.

44

Contact를 선택하고 Continue를 클릭
한다.

45

Tangential Behavior의 Frictionless를
선택하고 OK를 클릭한다.

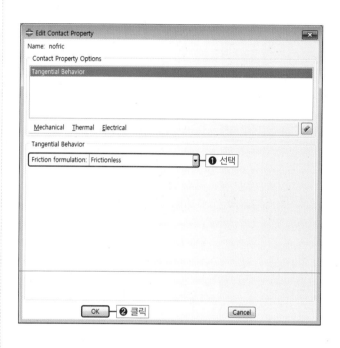

46

Model Tree에서 Interactions를 더블클
릭한다.

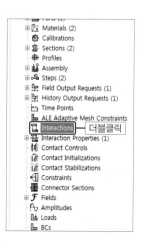

47

Name : general을 입력하고, General contact (Explicit)를 선택한 후 Continue 를 클릭한다.

48

Edit Interaction 창에서 다음과 같이 설정하고 OK를 클릭한다.

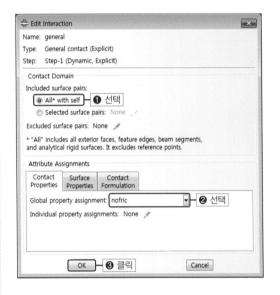

49

Create Reference Point 아이콘(🗙ᴿᴾ)을 클릭한 후 다음과 같이 꼭짓점을 선택하여 Reference Point를 생성한다.

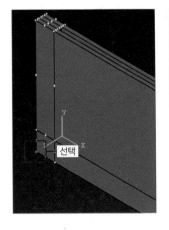
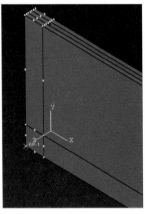

50

Model Tree에서 Constraints를 더블클릭한다.

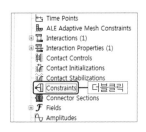

51

Rigid body를 선택하고 Continue를 클릭한다.

52

Body(elements)를 선택하고 Edit Selection 버튼을 클릭한다.

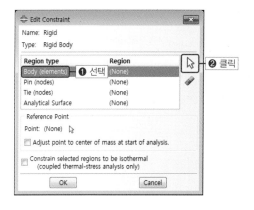

53

Case part의 모든 Cell을 선택한다.

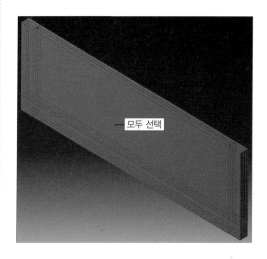

54

Reference Point의 Edit 버튼을 클릭
한다.

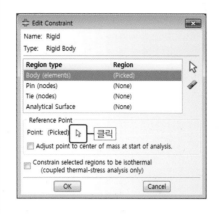

55

RP-1을 선택한다.

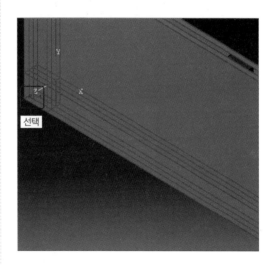

56

OK를 클릭한다.

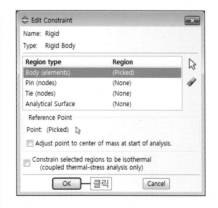

57

Model Tree에서 Loads를 더블클릭한다.

58

Gravity를 선택하고 Continue를 클릭한다.

59

Component 2 : −9.81을 입력하고 OK를 클릭한다.

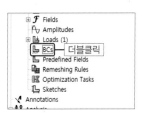

60

Model Tree에서 BCs를 더블클릭한다.

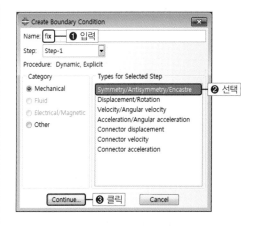

61

Name : fix를 입력하고, Symmetry/Anti…를 한 후 Continue를 클릭한다.

62

RP-1을 선택한다.

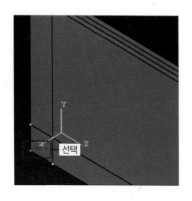

63

ENCASTRE를 선택하고 OK를 클릭한다.

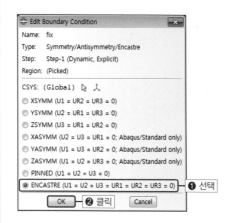

64

Model Tree에서 BCs (1)을 더블클릭
한다.

65

Name : Plate-fix를 입력하고 Symm
etry/Anti…를 선택한 후 Continue를
클릭한다.

66

그림과 같이 Plate part의 면을 선택
한다.

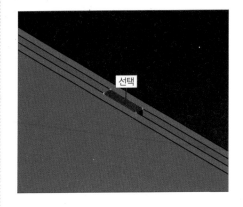

67

PINNED를 선택하고 OK를 클릭한다.

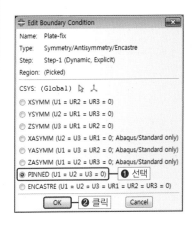

68

Model Tree의 Jobs를 더블클릭한 후
Create Job 창에서 Continue를 클릭
한다.

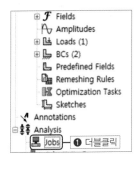

69

Edit Job 창에서 OK를 클릭하고 해석을 수행한다.

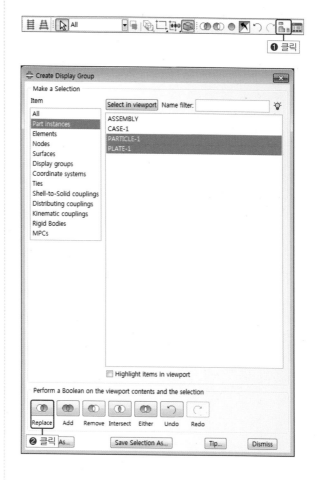

70

Submit 후에 해석이 Complete되면, Results를 확인한다. 그리고 다음과 같이 Create Display Group을 클릭하여 원하는 Part를 선택한 후 Replace를 클릭한다.

71

결과를 확인한다.

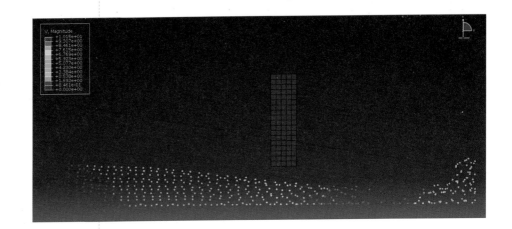

Abaqus 기초와 응용

발행일 / 2015년 1월 15일 초판 발행
2021년 7월 15일 개정1판1쇄
저 자 / (주)솔리드이엔지
감 수 / 다쏘시스템코리아 SIMULIA · 이영신 교수 · 이석순 교수
발행인 / 정 용 수
발행처 / 예문사
주 소 / 경기도 파주시 직지길 460(출판도시) 도서출판 예문사
T E L / 031) 955-0550
F A X / 031) 955-0660
등록번호 / 11-76호

정가 : 34,000원

예문사 홈페이지 http://www.yeamoonsa.com

ISBN 978-89-274-4063-5 13000

예제파일은 (주)솔리드이엔지 www.solideng.co.kr
메인 홈페이지에서 다운받으실 수 있습니다.

다쏘시스템코리아 SIMULIA

이영신 교수
- 1972 연세대학교 공학사
- 1974 연세대학교 공학석사
- 1980 연세대학교 공학박사
- 1981 ~ 1982 미국 Stanford 대학교 국비 연구 교수(기계공학과)
- 2001 ~ 2002 미국 MIT 방문 교수(컴퓨터공학과 인공지능연구소)
- 1977 ~ 현재 충남대학교 기계설계공학과 교수

이석순 교수
- 1982 한국항공대학교 항공기계공학과 졸업(공학사)
- 1984 한국과학기술원 기계공학과 졸업(공학석사)
- 1989 한국과학기술원 기계공학과 졸업(공학박사)
- 1994 ~ 1995 독일 University of Stuttgart Post-Doc
- 2006 ~ 2007 미국 The Ohio State University 교환교수
- 1988 ~ 현재 국립경상대학교 기계공학부 교수